中国语言文学文库·学人文库 吴承学　彭玉平　主编

信息状态视角下的存在句研究

刘街生 著

中山大学出版社
·广州·

版权所有　翻印必究

图书在版编目（CIP）数据

信息状态视角下的存在句研究/刘街生著 . —广州：中山大学出版社，2020.12

（中国语言文学文库·学人文库/吴承学，彭玉平主编）

ISBN 978-7-306-07059-3

Ⅰ.①信… Ⅱ.①刘… Ⅲ.①汉语—句法—研究 Ⅳ.①H146.3

中国版本图书馆CIP数据核字（2020）第228249号

出 版 人：	王天琪
策划编辑：	嵇春霞
责任编辑：	陈晓阳
封面设计：	曾　斌
责任校对：	苏深梅
责任技编：	何雅涛
出版发行：	中山大学出版社
电　　话：	编辑部 020-84111996，84113349，84111997，84110779
	发行部 020-84111998，84111981，84111160
地　　址：	广州市新港西路135号
邮　　编：	510275　传　真：020-84036565
网　　址：	http://www.zsup.com.cn　E-mail：zdcbs@mail.sysu.edu.cn
印　刷　者：	佛山市浩文彩色印刷有限公司
规　　格：	787mm×1092mm　1/16　12.5印张　174千字
版次印次：	2020年12月第1版　2020年12月第1次印刷
定　　价：	56.00元

如发现本书因印装质量影响阅读，请与出版社发行部联系调换

本书为广东省社科基金项目(GD12CZW02)结项成果

中国语言文学文库

主　编　吴承学　彭玉平

编　委（按姓氏笔画排序）

　　　　王　坤　王霄冰　庄初升

　　　　何诗海　陈伟武　陈斯鹏

　　　　林　岗　黄仕忠　谢有顺

总　序

吴承学　彭玉平

中山大学建校将近百年了。1924年，孙中山先生在万方多难之际，手创国立广东大学。先生逝世后，学校于1926年定名为国立中山大学。虽然中山大学并不是国内建校历史最长的大学，且僻于岭南一地，但是，她的建立与中国现代政治、文化、教育关系之密切，却罕有其匹。缘于此，也成就了独具一格的中山大学人文学科。

人文学科传承着人类的精神与文化，其重要性已超越学术本身。在中国大学的人文学科中，中国语言文学学科的设置更具普遍性。一所没有中文系的综合性大学是不完整的，也几乎是不可想象的。在文、理、医、工诸多学科中，中文学科特色显著，它集中表现了中国本土语言文化、文学艺术之精神。著名学者饶宗颐先生曾认为，语言、文学是所有学术研究的重要基础，"一切之学必以文学植基，否则难以致弘深而通要眇"。文学当然强调思维的逻辑性，但更强调感受力、想象力、创造力和语言表达能力。有了文学基础，才可能做好其他学问，并达到"致弘深而通要眇"之境界。而中文学科更是中国人治学的基础，它既是中国文化根基的重要组成部分，也是中国文明与世界文明的一个关键交集点。

中文系与中山大学同时诞生，是中山大学历史最悠久的学科之一。近百年中，中文系随中山大学走过艰辛困顿、辗转迁徙之途。始驻广州文明路，不久即迁广州石牌地区；抗日战争中历经三迁，初迁云南澄江，再迁粤北坪石，又迁粤东梅州等地；1952年全国高校院系调整，始定址于珠江之畔的康乐园。古人说："艰难困苦，玉汝于成。"对于中山大学中文系来说，亦是如此。百年来，中文系多番流播迁徙。其间，历经学科的离合、人物的散聚，中文系之发展跌宕起伏、曲折逶迤，终如珠江之水，浩浩荡荡，奔流入海。

康乐园与康乐村相邻。南朝大诗人谢灵运，世称"康乐公"，曾流寓广州，并终于此。有人认为，康乐园、康乐村或与谢灵运（康乐）有关。这也许只是一个美丽的传说。不过，康乐园的确洋溢着浓郁的人文气息与诗情画意。但对于人文学科而言，光有诗情是远远不够的，更重要的是必须具有严谨的学术研究精神与深厚的学术积淀。一个好的学科当然应该有优秀的学术传统。那么，中山大学中文系的学术传统是什么？一两句话显然难以概括。若勉强要一言以蔽之，则非中山大学校训莫属。1924年，孙中山先生在国立广东大学成立典礼上亲笔题写"博学、审问、慎思、明辨、笃行"十字校训。该校训至今不但巍然矗立在中山大学校园，而且深深镌刻于中山大学师生的心中。"博学、审问、慎思、明辨、笃行"是孙中山先生对中山大学师生的期许，也是中文系百年来孜孜以求、代代传承的学术传统。

一个传承百年的中文学科，必有其深厚的学术积淀，有学殖深厚、个性突出的著名教授令人仰望，有数不清的名人逸事口耳相传。百年来，中山大学中文学科名师荟萃，他们的优秀品格和学术造诣熏陶了无数学者与学子。先后在此任教的杰出学者，早年有傅斯年、鲁迅、郭沫若、郁达夫、顾颉刚、钟敬文、赵元任、罗常培、黄际遇、俞平伯、陆侃如、冯沅君、王力、岑麒祥等，晚近有容庚、商承祚、詹安泰、方孝岳、董每戡、王季思、冼玉清、黄海章、楼栖、高华年、叶启芳、潘允中、黄家教、卢叔度、邱世友、陈则光、吴宏聪、陆一帆、李新魁等。此外，还有一批仍然健在的著名学者。每当我们提到中山大学中文学科，首先想到的就是这些著名学者的精神风采及其学术成就。他们既给我们带来光荣，也是一座座令人仰止的高山。

学者的精神风采与生命价值，主要是通过其著述来体现的。正如司马迁在《史记·孔子世家》中谈到孔子时所说的："余读孔氏书，想见其为人。"真正的学者都有名山事业的追求。曹丕《典论·论文》说："盖文章，经国之大业，不朽之盛事。年寿有时而尽，荣乐止乎其身，二者必至之常期，未若文章之无穷。是以古之作者，寄身于翰墨，见意于篇籍，不假良史之辞，不托飞驰之势，而声名自传于后。"真正的学者所追求的是不朽之事业，而非一时之功名利禄。一个优秀学者的学术生命远远超越其自然生命，而一个优秀学科学术传统的积聚传承更具有"声名自传于后"的强大生命力。

为了传承和弘扬本学科的优秀学术传统，从2017年开始，中文系便组织编纂中山大学"中国语言文学文库"。本文库共分三个系列，即"中国语言文学文库·典藏文库""中国语言文学文库·学人文库"和"中国语言文学文库·荣休文库"。其中，"典藏文库"主要重版或者重新选编整理出版有较高学术水平并已产生较大影响的著作，"学人文库"主要出版有较高学术水平的原创性著作，"荣休文库"则出版近年退休教师的自选集。在这三个系列中，"学人文库""荣休文库"的撰述，均遵现行的学术规范与出版规范；而"典藏文库"以尊重历史和作者为原则，对已故作者的著作，除了改正错误之外，尽量保持原貌。

一年四季满目苍翠的康乐园，芳草迷离，群木竞秀。其中，尤以百年樟树最为引人注目。放眼望去，巨大树干褐黑纵裂，长满绿茸茸的附生植物。树冠蔽日，浓荫满地。冬去春来，墨绿色的叶子飘落了，又代之以郁葱青翠的新叶。铁黑树干衬托着嫩绿枝叶，古老沧桑与蓬勃生机兼容一体。在我们的心目中，这似乎也是中山大学这所百年老校和中文这个百年学科的象征。

我们希望以这套文库致敬前辈。
我们希望以这套文库激励当下。
我们希望以这套文库寄望未来。

2018 年 10 月 18 日

吴承学：中山大学中文系学术委员会主任、教授，长江学者特聘教授

彭玉平：中山大学中文系系主任、教授，长江学者特聘教授

目　　录

绪　论 ·· 1

第一章　存在句及其研究 ··· 5
　　一、何谓存在句 ··· 5
　　二、处所词语 ·· 8
　　三、动词 ·· 12
　　四、动后名词性成分 ··· 14
　　五、结语 ·· 19

第二章　信息状态及其研究 ··· 20
　　一、已知（givenness）和新知（newness） ··················· 20
　　二、信息状态分类的层面 ··· 22
　　三、Prince 的信息状态分类 ··· 23
　　四、Gundel 等的信息状态分类 ···································· 26
　　五、Chafe、Lambrecht 的信息状态分类 ······················· 27
　　六、Ariel 的可及性标记等级 ·· 28
　　七、Baumann 和 Riester 的信息状态分类 ····················· 29
　　八、其他学者的信息状态分类 ······································ 31
　　九、汉语中信息状态的研究 ··· 32
　　十、结语 ·· 33

第三章　存在句的构成、理解和语用状态 ·························· 35
　　一、存在句的句法构成 ·· 35
　　二、存在句的语义理解 ·· 40
　　三、存在句的语用状态 ·· 46
　　四、结语 ·· 48

第四章　存在句的动词考察 …………………………………… 50
　一、存在句中单动词构成限制 ………………………………… 51
　二、存在句中动结式构成限制 ………………………………… 57
　三、结语 ………………………………………………………… 63

第五章　存在句和作格性 ……………………………………… 65
　一、作格性、宾格性及不同的作格观 ………………………… 66
　二、作格性的核心特点和汉语相关现象 ……………………… 69
　三、汉语中作格性现象的呈现 ………………………………… 75
　四、结语 ………………………………………………………… 80

第六章　视点与存在句动后名词性成分的信息状态 ………… 82
　一、视点和视点的语言呈现 …………………………………… 83
　二、视点变化和存在句动后名词性成分的信息状态 ………… 90
　三、结语 ………………………………………………………… 98

第七章　存在句动后什么时候可以是旧信息 ………………… 100
　一、名词性成分信息状态新旧的界定及其在存在句动后的
　　　分布 ………………………………………………………… 100
　二、动词和位置关系不是动后容纳听者旧信息的关键
　　　因素 ………………………………………………………… 102
　三、存在句动后是听者旧信息的情形 ………………………… 106
　四、结语 ………………………………………………………… 113

第八章　存在句动后名词性成分的分布与信息状态 ………… 115
　一、存在句动后名词性成分的形式类别与其数量分布 …… 115
　二、名词性成分信息状态的类别 ……………………………… 117
　三、存在句动后四类定指形式的数量与信息状态分布 …… 122
　四、存在句动后"数量名"和"（修饰语＋）通名"的
　　　数量与信息状态分布 ……………………………………… 127
　五、问题与讨论 ………………………………………………… 131
　六、结语 ………………………………………………………… 132

第九章　存在句动前成分的信息状态与类型分布 …………… 134
　一、存在句动前名词性成分的类型及分布 ………………… 134

二、存在句动前名词性成分的信息状态分布 …………… 138
　　三、存在句动前名词性成分的数量分布与其信息状态的
　　　　关系 ……………………………………………………… 140
　　四、从信息状态和编码形式看动前名词性成分的语法
　　　　功能 ……………………………………………………… 146
　　五、结语 …………………………………………………… 148
结　论 ………………………………………………………………… 150
　　一、主要结论 ……………………………………………… 150
　　二、启发和前瞻 …………………………………………… 154
参考文献 ……………………………………………………………… 156
主题索引 ……………………………………………………………… 176
人名索引 ……………………………………………………………… 179

绪　　论

本研究从存在句中名词性成分特别是动后名词性成分的信息状态切入考察存在句的相关问题，基本内容如下。

第一章和第二章分别介绍了存在句和信息状态研究的基本情况，特别是本书所涉及的问题的国内外研究状况。存在句是一种重要的句式，在国内外都曾是研究的热点问题之一。国内自《马氏文通》始，一些讨论已提及与存在句相关的现象，至今出版了一系列专著和论文，对存在句及其语用功能、动前的处所词语、动词有详细的研究。国外的研究中，表示存在主体的名词性成分的定指效应则是研究的焦点。所谓信息状态，即语言表达式所传递的信息是已知的还是新知的。前人对已知和新知的界定，有的基于知识维度，有的基于意识维度，有的基于呈现方式维度。信息状态的界定包括指称、概念（词汇）两个层面。信息状态的分类以 Prince（1981）的熟悉性等级（familiarity scale）、Gundel 等（1993）的已知性等级（givenness hierarchy）影响最大，较新且详尽的则为 Baumann 和 Riester（2012，2013）的双层分类体系。除此以外，还有很多学者提出了自己的类型。

第三章对存在句的句法结构、语义理解和语用状态做了基本探索。存在句相对于及物小句而言，是去掉 A（及物动词的主语论元），相对于使动小句而言，是 C（causer，致事）不出现，它们的位置由 Loc 成分（处所成分）占据而成。汉语中的存在句，由于动前状语、动词和视点等因素的影响，存在句的定指效应（definiteness effect）虽存在但并不突出。由于"优先论元结构"（preferred argument structure）效应（Du Bois，1987），动后名词性成分有表达新信息的强烈倾向。第四章对进入存在句的动词做了清晰的界定。存在句的句法构造是"Loc + V + O/S"（V 表示动词，O 为及物动词的宾语论元，S 为不及物动词的唯一论元）。进入存在句的动词，其引入的 S/O 与 Loc 成分之间必须突显某种方位参照关系；同时，及物动词的主语论元 A 可消失，或者不及物动词的唯一论元 S 可居 O 位置，把动前位置提供给 Loc 成分。这两个因素决定了存在句动词的构成限制。第五章对存在句与作格性的关系做出评判。作格性的核心特点是 S 与 O 体现一致性。汉语中难以界定非宾格动词，作格性体现在小句句法组织上。由不及物动词构成的存在句，其形式是"Loc + V + S"，S 居 O 位置，任何时候都可以构成"S + V"形式，这体现作格性特征。而由及物动词构成的存在句"Loc + V + O"，有的"O + V"并不能完整成句，严格按标准来说应不是与作格性相关的现象。如何看待汉语中存在句与作格性的联系，一要根据汉语整体的特点，二要根据汉语中作格性整体的呈现状况，三也与不同的作格观相关。

　　第六章考察小说文本中影响名词性成分信息状态处理的视点变化类型、方式。一些存在句动后出现前面已提及过的旧实体，其原因就在于因视点变化，这些旧实体被处理成了新实体、新信息。视点因素也可能导致将存在句动后出现的新实体处理得像旧实体，并使相应存在句在使用当中受限制。第七章考察汉语中的存在句什么时候动后成分可以是听者旧信息。存在句的核心语义是表达存在命题，即 S/O 所指的存在（蕴含出现和消失），当这一命题处于背景、预设当中，不是句子表达的突显内容，存在句着重于计量、否定、对比、提问、提醒等特定的表达功能时，其动后可容纳听者旧信息。动词和位置关系不是存在句动后容纳听者旧信息的关键因素。

　　第八章考察存在句动后不同形式类的名词性成分，发现它们的分布与它们的信息状态相关，表示旧一些信息状态能力越强的名词性成分，出现在存在句动后的几率越低，表示新一些信息状态能力越强的名词性成分，出现在存在句动后的几率越高。不同的形式类，随着数量分布的依次增加，它们与已知性等级中新一些的信息状态更加相关。第九章考察存在句动前不同形式类名词性成分的信息状态、数量分布。动前名词性成分绝大部分是表达听者旧信息的，这其中又以熟悉的这一信息状态最多，这影响了不同形式类的宏观分布。动前不同形式类名词性成分的信息状态和数量分布，与动前成分的语法功能可能是密切相关的。

最后是结论，总结全书的研究结论，提出值得进一步探讨的问题。

存在句的句法构造是"Loc + V + O/S"，核心论元只有一个，或者是及物动词的宾语论元 O，或者是不及物动词的唯一论元 S，以一种特殊的方式体现了"优先论元结构"效应。因此，O 和 S 通常表达的是新信息。从语义角度看，存在句又是表达存在命题，即 O/S 所指的存在（出现、消失）。O/S 的所指为新实体、新信息时，存在句的表达才符合合作原则的量准则。由此看来，存在句的句法构造、语义理解和语用状态是完美匹配的。

空间是人、物存在的最基本方式，存在句除了表达存在命题即 O/S 的所指存在（出现、消失）外，还包括存在的位置。再加之新信息居后的原则，这些因素可能共同促成存在句"Loc + V + O/S"这一特定构式，并对进入这一构式的动词做出限制。"优先论元结构"效应也是促动作格性的话语动因，由此可以观察汉语中作格性的呈现以及存在句与作格性的关系。

存在句表达 O/S 的所指存在（出现、消失）这一存在命题，但除此外，存在句可以着重于计量、否定、对比、提问、提醒等。正因为这些因素的引入，使得定指效应变得复杂。当话语中存在命题不是存在句表达的突显内容，存在命题本身是预设、背景时，定指效应就有可能被违反，存在句动后就可以容纳表达新信息的成分。

汉语中存在句的定指效应仍然是起作用的，只不过具体表现为：越能表达新的程度高的信息状态的名词性形式，它们出现在存在句动后的几率就越高；反之，越能表达旧的程度高的信息状态的名词性形式，它们出现在存在句动后的几率就越低。定指效应及其违背是国外存在句研究的焦点所在，本书所提供的解释规则明确，又具有足够的灵活性，符合汉语的事实，可能也具有普遍的意义。

　　名词性成分的信息状态与其编码形式有一定的对应关系，这一点汉语研究极少涉及，本书对两个特定位置，即存在句动后和动前位置上的名词性成分的信息状态和编码形式的对应关系做了详细考察。另外，话语中名词性成分所指的信息状态，从不同视点来看可能不一样，这当然会影响到它的编码形式，也可能影响到相应名词性成分的分布。本书对这个问题的研究，让我们发现更多影响存在句构造的因素。

　　研究方法上，本书很多时候采取在封闭范围内对事实进行穷尽考察的方式。一方面，不放过任何一例比较麻烦的事实；另一方面，可采取定量方式对事实进行处理，以数据得出结论。

第一章　存在句及其研究

存在句是一种重要的句式,自《马氏文通》始,一些讨论已提及与存在句相关的现象。自陈庭珍(1957)始,存在句成为一个独立的研究课题。范方莲(1963)则为后面的研究打下坚实的基础。宋玉柱(1982a,1982b,1984,1987a,1987b,1988a,1988b,1988c,1988d,1989,1991a,1991b)、聂文龙(1989)、雷涛(1993)等则使存在句的研究进一步深入。此后,王建军(2003)、潘文(2006)、吴卸耀(2006)、宋玉柱(2007)、高文成(2008)、董成如(2009)、张珂(2009)、张先亮和范晓等(2010)、田臻(2014)等专著的出版,李挺(2010)、金明艳(2013)、王立永(2015)、姜兆梓(2016)、刘海洋(2019)等博士学位论文及大量有关存在句论文的发表,使存在句研究的视野扩大、理论运用多样,存在句的研究进入了描写、解释的全面深入的阶段。随着研究的深入,一些问题的答案越来越明确,但同时发现的问题也越来越多。

一、何谓存在句

首先说明一下,我们视"存在句"这个术语等同于"存现句"。存在句是表示何处存在、出现、消失某人或某物的一种特定句式,它的格式可描述为"处所词语+动词+表人或物的词语",比较流行的现代汉语教材基本都是这样界定的。上面所提及的新世纪以来出版的数本专著,研究对象也都是这样界定的。借用构式语法的理念,存在构式的形式是"处所词语+动词+表人或物的词语",构式意义是表示何处存在、出现、消失某人或某物(王勇、徐杰等，2010），最基本的意义是表达存在命题，即动后名词性成分所指的存在（出现和消失）。

这样看来，关于什么是存在句，现在大家几乎有一致的认识了。但实际上，细节方面还是有些不同的。"桌子上有书"大家都视为存在句，但"书在桌子上""老王在办公室里"这类张志公（1953）、丁声树等（1961）、陈庭珍（1957）、李英哲（1972）、张静（1980）、李临定（1986，1988）等认为是存在句的句子，究竟是不是存在句呢？类似的情况其实在英语当中也存在，"There are two books on the table."是存在句，但"Two books are on the table."是不是存在句呢？目前，研究者的做法基本上不管"书在桌子上""Two books are on the table."这类结构。张先亮、范晓等（2010：46）认为这类结构是位置句或定位句，不把它看成存在句，尽管范晓（2007）提供的一个广义存在句的分类方案是包括这类句子的。从构式观来看，"书在桌子上"肯定是另一种句式。但是，目前的讨论还未关注到的是，如何处理"这东西我们那儿到处都是""我们那儿这东西到处都是""这种东西我们那里也有"这类似乎只是存在句成分移位的格式。这一类情况只有张先亮、范晓等（2010：185-186）从存在句成分移位的角度提及。

存在句句式"处所词语+动词+表人或物的词语"内部，"台上演着梆子戏""教室里上着课"之类的句子，曾经有人认为它们是存在句，如范方莲（1963）、张学成（1982）、李临定（1986）、戴雪梅（1988）。宋玉柱（1988c）从变换的角度，证明它们与"台上坐着主席团""外面跑着汽车"不同，是假存在句，按朱德熙（1986）的分析，这类句子表示的是动态的活动，而不是静态的存在。王立永（2015：125）认为，这种假存在句因为事件的进行给处所带来一种视觉效果，使得处所成分成为焦点关注的对象，表现得像主语。在我们看来，"台上演着梆子戏""教室里上着课"这类句子表示活动，活动的进行必须有外力的输入，所以其施事不可能删除，不出现只是隐含而已，因此这类句子不可能构成存在句。王立永（2015）对存在句、发生句（即隐现句）、假存在句、供用句这几类处所主语句，对存在句（包括隐现句）的认知基础、存在句与相近句式的区分做了很好的探讨。

在确立哪些句子是存在句后，存在句内部有哪些不同，这涉及到存在句的次类问题。范方莲（1963）、李临定（1986）、张学成（1982）、陈建民（1986）、聂文龙（1989）、宋玉柱（1991a）、雷涛（1993）、范晓（2007）等，都有自己的分类体系。这里列出对各次类讨论最为详细的宋玉柱（1991a，2007）的分类来做个演示。除隐现句外，他把其余的存在句分为动态存在句和静态存在句，前者包括进行体存在句（如"天上飞着一只鸟"）、完成体存在句（如"门前挖了一道沟"），后者包括"有"字句（如"门口有一个人"）、"是"字句（如"窗前是个花园"）、"着"字句（如"墙上贴着一张画"）、"了"字句（如"船上点了一盏灯"）、经历体存在句（如"窗子上贴过几张剪纸"）、定心谓语句（如"山下一片好风光"）、名词谓语句（如"满地垃圾"）。另外，分类与大家很不同的是 Yang 和 Pan（2001），他们把中间动词为"有"和出现、消失义动词的存在句（如"来了一个人"）视为原型存在句，其他类存在句则是准存在句，原型存在句体现更多存在句跨语言的共性。王勇和周迎芳（2014）在李杰（2009）"发生句"概念的基础上，提出了"事件类存在句"的概念，很有新意，只不过他们的范围比较广，包括了假存在句、领主属宾语句、部分动态存在句、消失类存在句。周士宏（2016：251）的"事件句"概念与此类似，但不包括假存在句。姜兆梓（2016：37）利用"事件存在句"概念把存在句首先分成"事物存在句"（如"门口站着一个人"）和"事件存在句"。"事物存在句"中 O/S 的所指与处所成分之间是静态的位置关系，是静态处所性存在句；"事件存在句"则可分为"动态趋向性存在句"（如"马背上跳上来一只猴子"）和"静态处所性存在句"（如"村子里死了一个人"），前者 O/S 的所指与处所成分之间是动态的关系，后者 O/S 的所指与处所成分之间是静态的位置关系。在此分类的基础上，姜兆梓认为"事物存在句""动态性趋向存在句"动前处所成分是动词的论元，而"静态处所性存在句"动前处所成分不是动词的论元，由此讨论了存在句相关属性。姜兆梓的分类与前人有很大不同。我们认为"事件类存在句"和"事物类存在句"的区分对我们认识存在句很有意义，但不管怎么样，存在句最核心的部分是存在命题的表达，"事件类存在句"之所以仍然是存在句，因为它最核心的语义仍然是表达存在命题的。王勇（2014）认为"夕阳中摇曳着羽毛草"的意思与其说是表示"夕阳中有羽毛草"，不如说是"羽毛草在夕阳中摇曳"的状态。我们认为这种理解是不合适的，"夕阳中摇曳着羽毛草"的最核心的意思还是"夕阳中有羽毛草"，只不过描写当中说明了"羽毛草"处在"摇曳"的事态当中，表示的仍是存在。再比如"外面下着雨呢（，你带把伞吧）"，同样，最核心的意思仍是存在命题的表达——"（外面）有雨"。把存在句的句式义概括为某处存在某事物或某事件，不合适。

表达上，国外对存在句的研究常提及它的引入功能——把一个新实体引入话语当中，汉语研究者较少这样说。张先亮、范晓等（2010：14）认为一些存在句属于句类中的描记句，描写或记述主题所反映的事物的性质或所呈现的情景、状态，另一些则属于解释句，解释主题和述题中所反映的事物之间的某种关系。王智杰（1996）认为存在句多用于人物肖像的刻画、景物的描写、环境的介绍、建筑物的说明等。潘文（2006）在此基础上结合语体做了更具体的说明。李挺（2010）全文从语篇角度着眼探讨存现句，认为存现句以描写性为典型特征，具有较强的启后功能，存现句动前、动后成分的话题性源于不同的因素，存现句整体上具有较为典型的背景性。

二、处所词语

存在句动前的处所词语，形式上可以是方位短语（如"墙上挂着一幅画"中的"墙上")、处所名词或处所名词短语(如"里屋有张床"中的"里屋")、处所代词或处所代词短语(如"我们那儿有好茶"中的"我们那儿")、方位词(如"上面有一个黑点"中的"上面")、介词词组("从南边来了一个喇嘛"中的"从南边")、动词性成分(如"一进门有个牌坊"中的"一进门")、多个非并列的处所词语(一般是范围大的在前,小的在后,如"村东头,王大伯的场地上,靠南边堆着一个大草垛"中的"村东头,王大伯的场地上,靠南边")。从语义上看,处所词语表达的处所义,有具体的处所,如前面所举例;也有比较抽象的处所,如"两岸交往中还存在着许多不信任""他们之间有一种默契"中的"两岸交往中""他们之间";还可以是表示时间位置的,如"从前有一个在海边打鱼的渔夫"中的"从前"。关于方位词单独做存在句动前成分,杨安红、周鸣(2001)认为有些限制,特别是单纯方位词单独充当动前成分时,一般是成对出现,多为对举格式,其后的成分一般为抽象的、静态的、表示存在的"有"字结构或定心结构。潘文(2006:212-222)在杨安红、周鸣(2001)的基础上有进一步的讨论,他还认为方位词一般都有参照点,只有绝对方位词"东、西、南、北、上、下、内、外"有绝对用法,即两项对立的用法,用于对举时,如"上有天堂,下有苏杭"中的"上"与"下",它们相互参照定位,可以没有参照点。

存在句动前的处所词语,现在一般教科书都主张分析为主语,存在句动前既有时间词语、又有处所词语时,把处所词语处理为主语,时间词语处理为状语。但是,对于存在句动前成分的句法功能,学者们的意见还是相当不一致的。

马建忠(1998/1898:177-178)认为:"孟梁上'庖有肥肉,厩有肥马,民有饥色,野有饿莩'。四句'有'字,各有起词与止词也。"也就是说,"庖""厩""野"为起词,即主语。黎锦熙(1998/1924:44-47)认为"茶棚里坐着许多的工人""前面来了一个和尚"这类句子,是主语倒装于述语之后,而"深山有老猿"

"元朝末年有一个嵌崎磊落的人"这类句子，句首表空间或时间的副位名词可看成是主语。吕叔湘（1998/1942：40-41）认为，"东隔壁店里，午后走了一帮客""殿前放着个大铁香炉"这类句子，动后名词性成分是主语。

《现代汉语语法讲话》（2002/1961：69-72）受结构主义影响，依据位置区分主语、宾语，认为处所词跟时间词一样，也可以做主语。"外面有太阳"就是处所词语充当主语。认为"表示事物存在、出现、消失的句子常常使处所词做主语，这是处所词的特点"。1955—1956年，汉语研究史上关于主、宾语问题的大讨论中，"台上坐着主席团"之类的存在句始终是讨论的焦点、热点。主要有两种意见，一种是按施受关系，把"台上"这类处所词语看作附加语即状语，另一种意见则是把句首的处所词语依照语序看作主语。最后结果是第二种意见占上风，所以现在的语法教材都视句首处所成分为主语。（潘文，2006：17-21）

一般认为，典型的句子主语在语义上是施事，语用上是话题。存在句的处所词语不是施事，但可能话题性强，有的存在主体有一定的施事性，因此都有可能做主语。从跨语言的角度来看，存在句的主语主要是两种类型，即处所词语做主语或存在主体做主语①（王勇、周迎芳，2011）。但处所成分或存在主体做主语，都不能满足典型主语的语义语用功能，都不是典型的主语。

由于汉语除了语序，没有其他标志标明主语，所以跨语言的差异在汉语中体现为，对同一存在句的事实不同的学者可能采取不同的处理方式。前面讲到现在教科书一般把存在句的处所词语分析为主语，有的语言，如 Chichewa 语，处所词语只能是名词性成分，全部分析为主语就没有问题（Bresnan，1994：93-96）。但是汉语中存在句的处所词语可以是介词短语，而一般认为介词短语是不可

---

① 少数语言以类似英语 there 的虚成分做主语，或完全没有主语，如西班牙语。（王勇、周迎芳，2011）

以做主语的,这给按语序视处所词为主语的处理方式提出了一个巨大的难题。宋玉柱(2007:76-79)认可李芳杰(1983)、冯志纯(1986)的处理方式,认为介词短语也可以分析为主语。但是,这对一些人来说可能难以接受。于是有人仍按语义角色处理:动前的处所词语为状语;不及物动词构成的存在句,其存在主体是施事,是主语(黄南松,1996:31);及物动词构成的存在句,存在主体是受事,是宾语,这样的存在句就成了无主句。潘文(2006)、张先亮和范晓等(2010)的处理方式与此类似。例外的是,他们视"是""有""存在""V有"这几个二价动词前的处所词语是这些动词论元当中的必有成分,是主语,而不是状语。从跨语言的角度来看,存在句无主语的语言少见,所以把那么多的汉语存在句处理成无主语句,不是一种很好的处理方式。

三本专门从认知语法角度研究存在句的专著——高文成(2008)、董成如(2009)、张珂(2009)对处所词语的处理也不一样。张珂(2009)以认知语言学中的图形(figure)、背景(ground)关系为理论框架,认为处所词语表达背景,存在主体表达图形。但在高文成(2008)、董成如(2009)的分析中,处所词语为射体,存在主体为界标,也就是说,汉语存在句中处所词语为主语,动后名词性成分为宾语。射体应是场景中最突显的实体,应该不是表达背景的。

最近,刘娅琼、陈振宇(2018)认为"存现"意义的表达,其关键概念是"存在物"与"处所",所以无论处所成分前是否有介词,都是主语,只不过,这个主语的性质是句法中枢。这个句法中枢实际上跟话题意思差不多,许韵媛、潘海华(2019)从生成语言学角度论证存在句的生成机制,证明处所成分是话题。主语是"施事+话题"的语法化,存在句的处所成分没有施事性,将处所成分视为主语的话,其主语属性源于话题,所以形式上可以是介词短语。我们后面的讨论会进一步说明,这个主语与一般主语在信息状态和编码形式上有比较大的差异。

三、动词

关于存在句当中能出现的动词,范方莲(1963)从及物、不及物的角度举例做了说明。宋玉柱(2007:23)认为根据及物、不及物这个标准给其中的动词分类没有意义。李临定(1986)对存在句中的动词描写得相当详细,他采取的做法是分类列举,出现在纯表存在的存在句中的动词有"坐"型、"垂"型、"长"型、"挂"型、"绣"型、"戴"型、"飘"型、"坐满"等,出现在隐现句当中的动词有"来"类、"动+来"类、"出现"类、"长"类、"去"类、"走"类。王建军(2003:138)的列举更细,他在区分一价、二价、三价动词的基础上再分类列举,其中一价动词有移动类、没现类、飘摇类、立卧类、流淌类、扩散类6类,二价动词有领属类、判断类、发生类、摆放类、执持类、依傍类、说唱类、跟随类、包含类、穿戴类、种植类、消除类12类,三价动词有烧煮类、刻写类、悬挂类、建筑类、封盖类、系扎类6类,一共24类。这个列举中的动词类比李临定(1986)多不少,但其中像执持类、说唱类等动词一般认为是不能进入存在句的。董成如(2009:97－102)则列举了孟琮等编纂的《动词用法词典》中能出现在存在句中的全部动词,并按语义分成了单纯存在类、安放类、隐现类、刻写类、穿戴类、生长/生活类、烧煮类、飘洒类、搭建类、坐立类、杂类共11类。但是,分类列举的做法有不足之处,即缺乏更好的概括。潘文(2006:110－156)也对存在句的动词进行了详细的考察,他的做法有些不同,他用[动作][自主][位移][持续]四组语义特征描述了存在句中一价动词的类别,用[动作][自主][使附着,可分离]三组语义特征描述了存在句中二价动词的类别。

总的来说,上述研究对存在句动词的分类列举,缺乏整体、宏观的概括,无法解释说明这些动词的类或其中的语义特征与存在句的整体结构有什么关系。

关于存在句的动词，轻信息理论和非宾格性理论曾用来解释其限制。轻信息理论是 Birner（1994、1996）用来说明倒装句（主要是方位倒置句，汉语中的存在句便属此类）中动词的信息状态的，他认为倒装句中的动词一般不提供新信息。Levin 和 Rappaport（1995）也用此来解释方位倒置句的动词限制。董成如（2009：109 - 114）用轻信息理论来解释一些汉语存在句的事实。比如，汉语中存在句使用频率最高的一个动词"有"只单纯表示存在；存在句可以没有动词，如"临窗一张长大而精简的画案"等；存在句中的动词有的似乎可从动前的处所词语或动后的名词性成分猜出，比如"担架"的典型功能是让人躺的，所以对于"担架上躺着一个人"中的"躺"，"担架"一词提供了某种暗示。不过，轻信息原则概括性太强，预测性太弱（董成如，2009：113）。

另一个用来说明存在句动词限制的是非宾格性理论。不及物动词其唯一的论元 S，有的深层上是主语，有的深层上是宾语，那些 S 是深层宾语的不及物动词便是非宾格动词。一些学者，如顾阳（1997）、韩景泉（2001）、唐玉柱（2005）、隋娜和王广成（2009）、董成如（2011）等，认为存在句中的动词皆具非宾格性。唐玉柱（2005）以出现介词短语为理由，说明所有的动词具非宾格性；隋娜、王广成（2009）引入事件谓词说明存在句动词的非宾格性；董成如（2011）则用句式压制的角度来说明动词的非宾格性。杨素英（1999）、赵彦春（2002）、张达球（2006）、马乐东（2007）、杨大然（2011）等，不认为汉语存在句中的动词全为非宾格动词。其实 Levin 和 Rappaport（1995）就提到了出现在英语存在句中的有非作格动词、及物动词的被动形式。杨素英（1999：38）认为，汉语中的存现句也可以出现及物动词，及物动词自然不是非宾格动词。由及物动词构成的存在句与作格性不相关。Bresnan（1994）认为进入存在句的及物动词有施事、主题、处所三个论元，进入存在句后，施事被删除，留下主题和处所两个论元。汉语中构成存在句的及物动词"挂""放""摆"等就是如此，虽然这里施事被删除，可还有两个论元，它们构成的存现句动后的名词性成分还是 O，不是 S，这类存在句应与作格性不相关。不过，非宾格性理论对存在句中的不及物动词的限制还是有一定解释力的。从 Bresnan（1994）的讨论中其实还可以看到，存在句及物动词的限制可能与其论元结构相关。

另外，田臻（2014）从事件语义角度对存在构式和动词语义相互作用的研究，对认识存在句中动词来说，是一个很新的角度。孙文访（2015）从跨语言角度考察最典型存在动词的语义差别，发现：有的语言中，确定存在与不确定存在用不同的存在动词；有的语言中，有生存在与无生存在用不同的存在动词；有的语言中，可移动物的存在和不可移动物的存在用不同的存在动词；有的语言中，容器存在与非容器存在用不同的存在动词；有的语言还以特殊动词编码特定类型事物的存在。这大大开拓了我们认识存在句的视野。

四、动后名词性成分

对于存在句动后名词性成分，除涉及它究竟是主语还是宾语外，其他方面汉语研究者关注得不多，但在英语研究者当中，动后名词性成分曾是一个热点问题。焦点在于，表示存在主体的名词性成分一般要求是不定指的，这就是所谓存在句的定指效应。不过，定指效应并不是绝对的，仍然有一些表示存在主体的名词性成分由定指成分来充当。如何解释存在句的定指效应以及违背定指效应的情况，成为一个吸引人的话题。汉语存在句的研究虽然也认为动后名词性成分大多是不定指的，甚至动后为专有名词时，专有名词前很多时候添加了"一个"成为无定形式（张伯江，2006），但没有给予过多关注。主要境外或英语界的学者，如 Huang（1987）、Yang 和 Pan（2001）、高文成（2008）、董成如（2009）、张珂（2009）、王灿龙（2006）等，受国外影响也专门讨论到汉语存在句动后名词性成分的定指效应。

William Bull（1943）最早提到存在句的定指限制（高文成，2008：11），Milsark（1974，1979）对英语存在句做了非常重要的研究。他第一次从形式语义角度，对存在句的定指效应及违背的情况做出了整体解释。由于 each、every 和 most 是量化的，它们限定的 NP 是强式 NP（strong NP），而 some、a few 和 many 是计数的，它们限定的 NP 是弱式 NP（weak NP）。强式 NP 不能出现在存在句中，因为它们是全称量词，与存在句引入的存在量词相矛盾。定指成分、专有名词、人称代词，包括类指成分也是全称量化的强式 NP，它们也不能出现在存在句中。如果出现在存在句中，则全句是列举理解。列举理解时，存在主体是列举清单，与定指成分指称的个体没有直接关系，所以这样的存在句合乎语义要求。问题是定指成分、专有名词、人称代词跟由 each、every 和 most 构成的强式 NP 有差异；定指成分、专有名词、人称代词出现在存在句中，也不一定全是列举理解。

Rando 和 Napoli（1978）反对 Milsark（1974）的解释，他们对存在句只容许不定指成分或出现定指成分时为列举理解的解释是，表示存在主体的名词性成分在语义上必须是非回指的（non-anaphoric）。所谓非回指的，指的是名词性成分的所指实体没在前面的话语中提及过，也不在交际场景中存在，甚至也不是文化常识或百科知识中为人所熟知或推知的实体。不定指成分总是非回指的，列举理解中的清单也是非回指的，所以它们可以在存在句中出现。他们发现有两种形式上是定指的名词性成分也可以出现在存在句中，一是最高级形式，一是受关系小句修饰或 same 等特定修饰语的定指成分，如"In England there was never the problem that there was in America.""There was never the same problem in America."中的"the problem that there was in America""the same problem"，原因是这两种情况当中的名词性成分，其所指也是非回指的，即这两种情况形式上定指，语义上是不定指的。问题是 Abbott（1992）曾举例说明回指的定指成分也可出现在存在句中，而且不是列举理解。

　　Holmback（1984）在 Hawkins（1978）的基础上，认为定指描述要求内包性，即指称符合定指描述的实体的全部成员，存在句的定指效应源于存在句的呈现意义与定指描述的内包性限制的矛盾。（Ward and Birner, 1995: 726）问题是并不是所有存在句都具有呈现意义。

　　Hannay（1985）反对 Milsark（1974）的解释，提出六种反例：第一，有定形式，但内容无定的"类别解读"，如"There wasn't that problem in America."中的"that problem in America"；第二，有定形式，但内容无定的"数量解读"，如"There wasn't sufficient amount of time."中的"sufficient amount of time"；第三，有定形式，但内容做"例示解读"，如"There was the grace of a ballet dancer in her movement."中的"the grace of a ballet dancer in her movement"；第四，有定形式，但内容做"非凡解读"（remarkable reading），如"There was the most beautiful sunset this evening."中的"the most beautiful sunset this evening"；第五，有定形式，但内容做"列举解读"，如"There's the fly in my soup, for starters."中的"the fly in my soup"；第六，问题类（problem group），如"It was five o'clock and there was still most of the shopping to do."中的"most of the shopping to do"。（高文成，2008: 18 - 22）他认为，存在句其实不存在定指效应，存在句存在的是话题限制，即表示存在主体的名词性成分不能是完全话题。只要符合这个条件，定指成分也可以出现在存在句中。前面的反例，都符合这个条件。问题是话题的确定远非一致，另外一些不定指成分在存在句动后也可能是完全话题，可通过"what about X"测试。（Ward and Birner, 1995: 727）

　　沿着 Milsark（1974，1979）的路子，Barwise 和 Cooper（1981）提供了关于强式 DP（DP 即 determiner phrase，限定名词短语）和弱式 DP 的区分。在此基础上，他们认为强式 DP 出现在存在句中会造成重言或矛盾（tautologies or contradictions），也就是说，这样的存在句没有提供新信息。问题是语言中有不少重言或矛盾的句子是可以接受的（McNally，1997：4 – 6）。Keenan（1987）的解释与 Barwise 和 Cooper（1981）的有些类似，当 DP 的限定词是 one、two、many、no 等，这样的 DP 出现在存在句中，句子的理解等同于存在断言理解；当 DP 的限定词是 the、every、each、all 等时，这样的 DP 出现在存在句中，句子的理解不等同于存在断言理解。同样，问题是有些限定词为 the、every、each、all 的存在句是可以接受的。

Lumsden（1988）也是从 Milsark（1974，1979）的观点出发，认为强式量化表达式或量化表达式的强式理解跟定指表达式一样有存在预设，弱式量化表达式或量化表达式的弱式理解则跟不定指表达式一样，没有存在预设，所以前者不能出现在表示存在的存在句中，因为存在已是这些表达式的预设，而后者则可以出现在存在句中。而某些带限定词 every 等的表达式、"the same/usual X(s)" 形式、"the top of a bottle" 之类的形式实际上在存在句中是类的例示理解，也就是存在理解，不含存在预设，它们出现在存在句中没有问题。非指示的 this 限定的形式、最高级形式实际上的理解都是指无定的，极性 any 限定的形式也是弱式理解，因此也可以出现在存在句中。

Abbott（1992）认为存在句主要表示存在，存在句的作用是把听话者的注意力集中在动后焦点 NP 所表示实体的存在或位置，因此往往具有呈现功能。焦点 NP 的后移，与直接宾语的位置类似，通常传递新信息。这样，不预设其所指物存在的 NP 出现在此位置上是自然而然的，而预设其所指物存在的 NP 出现在此位置也是可以的，只不过需要特定的语境支持，不能出现在话语的开头。她把这类依赖语境的存在句称为语境化的存在句（contextualize existential sentence，CE），不依赖语境的存在句则是非语境化的存在句（non-contextualize existential sentence，NE）。她认为，所谓列举存在句只是特定的语境要求而已，并没有特殊性。语境化的存在句的概括相对模糊，具体有些什么情况，她没有详细说明。

Ward 和 Birner（1995）基于 Prince（1992）的观点，认为定指效应是定指形式敏感的认知状态与存在句动后位置敏感的认知状态不匹配的结果。存在句动后 NP 要求描述听者新实体，那些出现在存在句的定指成分，其实也是描述听者新实体的，他们以此对存在句的定指效应做出统一的解释。他们着重解释了五类出现在存在句动后的定指名词短语，分别是：①听者旧实体被处理成了听者新实体；②听者旧类当中的听者新例；③听者旧实体例示了新变量；④带唯一可识别描述的听者新实体；⑤假定指。Abbott（1997）不认可存在把听者旧实体处理成听者新实体的情形。

McNally（1997，1998）运用 Chierchia 和 Turner（1988）的"属性理论语义学"解释由 every、each、both、most 等限定的 NP 为什么不能出现在存在句中，通过引入谓词对论元的语义限制这一规律，他认为这类 DP 的定指效应源于存在谓词施加于名词短语论元上的种类（sortal）语义限制，即只有那些描写非特定事物的量化名词才能进入存在句。其他定指成分的定指效应则源于要求动后名词性成分所指为新实体这一附加的合适性条件。

最后，我们介绍几位中国学者对定指效应的解释。Yang 和 Pan（2001：198）、Hu 和 Pan（2007）对存在句动后容纳听者旧信息提出了新的解释，他们认为当存在句动后是听者旧信息时，存在句描述了新的"空间-实体"关系，即动后名词性成分的所指与动前处所的位置关系是新的。张珂（2009：119）的观点与此类似，她基于认知语言学当中的背景与图形关系理论，认为存在句把一个新实体（figure）引入处所词语表达的背景（ground）中，不过这个实体即便对于听者来说是旧信息，只要它相对于背景而言是新实体就可以。王灿龙（2006：134）则用一个适合语序安排的论元等级序列来解释存在句的定指效应：有定实体论元＞有定环境论元＞无定实体论元＞无定环境论元。存在句句首是有定环境论元，所以其后出现的实体论元是无定的。高文成（2008：152）的解释是存在句处所词语是一个空间搜索域，空间搜索域本身不足以在说话者和听话者之间就某一个存在客体的具体例示建立心理接触，因此要求使用不定指形式；但是只要满足独特性心理接触性和焦点性两个基本条件，部分存在句动后也可以使用定指形式的名词性成分。

另外，Beaver、Francez 和 Levinson（2005）在 Mikkelsen（2002）的基础上，提出存在句动后不同类型名词性成分分布与经典主语属性相关，含经典主语属性越多，越不易出现在存在句中表示存在主体的位置上。定指效应是主语属性限制的附带现象。

五、结语

总的来说，关于存在句已有相当丰富的研究成果，对于某些现象，比如定指效应，研究已经相当深入。但是，对于汉语中的存在句，仍有问题可以继续探讨，比如存在句的基本性质、存在句当中动词限制的理论概括，汉语中定指效应究竟如何体现，名词性成分的形式与信息状态关系等。本研究将在这些方面进一步努力。

第二章 信息状态及其研究

信息状态，直觉的理解就是语言表达式所传递的信息是已知的还是新知的，这与交际者的认知状态相关。一般认为信息是以命题的方式传递和储存的，旧信息即是旧命题，新信息即是新命题。命题一般表示的是实体的属性或实体之间的关系。信息传递时，命题的构成成分也可分成两部分：一部分说话者认为是听话者已知的部分，这使得听话者找出这个命题与现时心理状态的联系；另一部分说话者认为是听话者新知的部分，这部分为听话者的心理状态添加了新的内容（Clark and Haviland, 1977）。表达实体的名词性成分，在特定的语境中也可被认为具有某种信息状态。而且，目前研究者们更关注的是名词性成分的信息状态，我们的介绍也针对名词性成分信息状态的研究。

一、已知（givenness）和新知（newness）

Prince（1981）、Baumann 和 Riester（2012）认为，前人对已知和新知的界定，有的基于知识维度，有的基于意识维度，有的基于呈现方式维度。

基于知识维度界定已知、新知。简单地说，已知就是说听双方共有的知识，不过这个共有是言者的认识，因此，这个已知其实就是言者认为听者知道、认定或能推知的东西（Prince, 1981）。Clark 和 Haviland（1977）视旧信息为言者相信听者已经知道并接受为真的信息，新信息是言者相信听者尚不知道的信息。Stalnaker（1974）提出的共同背景（common ground）概念与共有知识类似，属于共同背景的自然是双方共知的。句子传达的命题如果不被共同背景所衍推（entail），便提供了新信息。

基于意识维度界定已知、新知。已知就是言者认为听者在听话时意识当中已有的东西（Prince，1981）。Chafe（1976：30；1994）认为已知信息是言者认为听者在听话时已存在于其意识当中的知识。所谓新知信息，就是言者认为通过他所说而引入听者意识当中的东西。已知信息就是听者意识中已激活的信息，新知信息就是在听者意识中新激活的信息。比如"昨天我看见了你父亲"中的"你父亲"，Chafe 认为是新知信息，虽然言者相信听者知道他父亲，但是"你父亲"的所指，在听见这句话时，并不在听者的意识当中，因此是新知信息。Lambrecht（1994）也是承继 Chafe 的分析。

基于呈现方式维度界定已知、新知。已知就是言者认为听者可预知句中特定位置出现特定的语言项（Prince，1981）。Kuno（1972，1978，1979）认为，句中的某个成分如果可以在前面的语境中回溯到，它就描述了已知的、可预知的信息，反之，如果不能在前面的语境中回溯到，它就描述了新知信息。可回溯性与可删除性相关。Halliday（1967）根据语调来界定已知、新知信息。语调标记或未标记的焦点确定新知信息，已知信息则是标记焦点的补充。（Prince，1981：226）

这三个维度的界定有些区别，但也有足够多相通的地方，正如 Prince（1981：231-232）所言，如果言者认为听者预知句中特定位置出现特定的语言项，那么，言者也一定认为听者意识中有某些特定的事物，这也意味着，听者有某些相应的知识。事实上，一些学者对信息状态分类的处理也涉及多个维度，如 Prince（1992）的分类，涉及听者和话语两个角度，听者已知（hearer-old）、听者新知（hearer-new）与知识维度相关，而话语已知（discourse-old）、话语新知（discourse-new）与意识维度相关；Lambrecht（1994）的分类涉及可识别性（idendifiability）和激活（activation）两个方面，前者与知识维度相关，后者与意识维度相关（Baumann and Riester，2012）。

二、信息状态分类的层面

Deemter（1994，1999）考察与重读相关的现象时，把已知、新知分成概念和对象两个层面，即概念已知（concept-givenness）和概念新知（concept-newness）、对象已知（object-givenness）和对象新知（object-givenness）。所谓对象已知，就文本内部而言，是名词性成分的指称对象在前面话语中已提及。比如，"杨晨昨天表现不错，他的角球处理得相当好"中，代词"他"的指称对象与"杨晨"的指称对象一致，这里就是对象已知。所谓对象新知，就文本内部而言，是指称对象在文本中第一次出现并且不能由其他成分推知。所谓概念已知，就是这个词刚在前面出现过，或它的下位词刚在前面出现。比如，"如果苏珊有车的话，她一定比较富裕。不管怎样，你在纽约不需要车"，这里两个"车"所指不一样，但后一个"车"在概念上是已知的。再比如，"胡安有自行车，你在斯坦福工作的话，也需交通工具"中，"交通工具"是"自行车"的上位词，它在概念上也是已知的（Deemter，1994：19-21）。一般来说，对象新知意味着概念新知，但对象已知仍可能是概念新知。比如，"杨晨昨天表现不错，这个刚当父亲的家伙近来积极性都颇高"中的"这个刚当父亲的家伙"，就是对象已知、概念新知，所以在要求重读上，对象新知更重要。下面这个例子还揭示了另一种已知性。（Baumann and Riester，2012：2）

(1) A：Why do you study Italian?
    B：I married to an Italian.

上例 B 的回应中，"Italian"不能重读，表明具有某种已知性，这种已知性来源于仅仅词汇上的相同，这两个"Italian"所指不一样，表达的概念也不一样，这是一种词汇已知（lexical-givenness）。

Baumann 和 Riester（2012）明确论述了如何从指称和词汇两个

层面来对信息状态进行分类,并且进行了实践,区分了信息状态的不同指称类和词汇类。指称类容易理解,在此不赘述。他们的词汇类,跟上文所说的词汇已知、新知不是一回事,反而跟前面所提及的概念已知、新知相通。词汇已知可以是同一表达式的再现,或与前面已出现的词有同义关系,或是前面已出现词的上位词。很明显,这其实都是与词所表达的概念内容相关,而不是仅仅限于词的表面形式。他们所定义的词汇新知则是指最近 5 个小句或语调组之内不存在相关的词汇形式。Baumann 和 Riester(2012)主张对名词性成分同时标指称类和词汇类的信息状态。我们后文将更具体地来介绍他们的研究。

Lambrecht(1994:74 – 76)说明了为什么讨论信息状态时一般只关注表示话语指称物(discourse referent)的指称表达式,即名词性成分(表示实体)或名词化的形式(表示命题),一般不关注表示论元的属性或论元之间关系的谓词,原因是后者一般只表达概念,而无话语指称物,所以难以应用可识别性和激活,很难弄清楚听者听到动词、形容词、介词或某些副词时,头脑中什么获得了激活。

三、Prince 的信息状态分类

下面我们逐一介绍几种有影响的信息状态分类。这其中最经典的应是 Prince(1981)的论述,Prince(1981:245)把信息状态从旧到新,给出了一个熟悉性等级(familiarity scale):

$$E/E^S > U > I > I^C > BN^A > BN$$

E 即 evoked,已引用信息,包括文本已引用信息(textually evoked)和场景已引用信息(situationally evoked,E^S)。文本已引用信息是前面的文本中已提及该话语实体,如话语的开头听到"他昨天买了一个手机给妈妈,他妈妈很喜欢这个手机"这样一句话,你会知道"这个手机"的所指就是前面的"一个手机"。场景已引用信息是包括话语参与者以及场景当中突显的特征,如你只听到一句话"嗨,您知道中文堂该怎么走呢?",你也知道其中的"您"的所指就是话语本身的参与者。

U 即 unused,未使用信息,就是言者第一次引入话语,但预期听者已知的实体。比如"当太阳快落山的时候,他看见了小路上走来了一个穿红衣服的女人",你只听到这样一句话,你也知道"太阳"的所指,因为"太阳"只有一个,一般人都知道太阳。

I 即 inferrable,可推知信息,也是言者第一次引入话语,但其所指是与场景中突显的实体或前面所提及实体、事件相关的实体。比如"他们昨天和另一所学校的球队踢了一场球,那裁判简直瞎吹"中的"那裁判",其所指是与"踢一场球"密切相关的实体,是可由"踢一场球"推知的实体,这就是可推知信息。I^C 即 containing inferrable,包含的可推知信息,是可推知信息的推论点也包含在相应的名词性成分当中,此时的可推知信息就是包含的可推知信息。比如"他买了一小筐鸡蛋,这些鸡蛋中的一个被打破了"中的"这些鸡蛋中的一个","一个"是"这些鸡蛋"中的一个,与其有密切的关系,同时"这些鸡蛋"作为定语出现在整个名词性成分当中,"这些鸡蛋中的一个"的所指便是包含的可推知信息。可推知信息与推论的出发点可能是整体与部分、集合与成员、事件框架与参与者等关系。

BN 即 brand new,全新信息,就是言者预期听者的知识中产生出一个新知的实体,如话语的开头听到"他昨天买了一个手机给妈妈,他妈妈很喜欢这个手机"这样一句话,其中的"一个手机"会在你的知识当中产生出一个新知的实体,它的信息状态就是全新信息。有时,全新信息是挂靠在某个非全新信息之上的新信息,而这个实体又包含在名词性成分当中,这便是 BN^A,即 anchored brand new,有依托的全新信息,比如话语的开头你听到"我的一个朋友昨天买了一部宝马",其中的"我的一个朋友"便是有依托的全新信息，"一个朋友"是全新信息，但其中的"我"是情景已引用信息，是话题参与者，是"一个朋友"的依托者。

经过上述说明，该熟悉性等级可用中文表述如下：

文本已引用信息/情景已引用信息 > 未使用信息 > 可推知信息 > 包含的可推知信息 > 有依托的全新信息 > 全新信息

另外，所有这七个类还可包含有新属性，比如话语的开头你听到"我的一个好朋友昨天买了一部二手宝马"中，"我的一个好朋友""一部二手宝马"除了分别表示有依托的全新信息、全新信息，还分别含"好"和"二手"的新属性。

Prince（1981）的分类等级，其中的（包含的）可推知信息，其内部差异太大。Prince（1992）提出从话语和听者两个角度来区分新、旧信息。所指在话语中第一次提及便是话语新信息，再次提及便是话语旧信息。所指为听者已知的便是听者旧信息，为听者所未知的便是听者新信息。话语旧信息自然是听者旧信息，据此，已引用信息是话语旧信息、听者旧信息。一般来说，话语新信息也是听者新信息。据此，有依托的全新信息、全新信息是话语新信息、听者新信息。未使用信息是话语新信息、听者旧信息。至于（包含的）可推知信息，依照 Birner（2006a，2006b），如果它与推论点信息之间是详明推论关系（elaborating inference），存在原型联系，即由推论点信息可确知可推知信息，如"他回老家去了，他父亲病了"中的"他父亲"，其所指完全可由"他"推知，因为每个人都有父亲，这样的（包含的）可推知信息可归入 Prince（1992）的听者旧信息、话语新信息；如果它与推论点信息之间仅是桥接关系（bridging inference），即可推知信息与推论点信息仅有联系，但不是原型联系，由推论点信息不能确知可推知信息，如"他的一张瘦脸上，不合比例地长了满口白且大的马牙"中的"满口白且大的马牙"，与"他"有联系，但不能完全由"他"推知，这样的（包含的）可推知信息，可归入 Prince（1992）的听者新信息、话语新信息。从信息状态新旧的直觉认识来看，从旧到新的排列依次是：听者旧信息、话语旧信息 > 话语新信息、听者旧信息 > 话语新信息、听者新信息。从这个角度来看，很难说可推知信息比未使用信息更新，或包含的可推知信息比可推知信息更新。

四、Gundel 等的信息状态分类

Gundel 等（1993）是信息状态分类的另一篇相当重要的文献，他们从旧到新，把信息状态归入下面这个已知性等级（givenness hierarchy）中：

焦点的（in focus）> 激活的（activated）> 熟悉的（familiar）> 唯一可识别的（uniquely identifiable）> 指称实际实体的（referential）> 类可识别的（type identifiable）

这个等级中，左边的信息状态蕴含右边的全部信息状态，比如"焦点的"意味着它也是"激活的""熟悉的""唯一可识别的""指称实际实体的""类可识别的"，依次类推（Gundel et al., 1993：276 - 280）。这个等级中每一信息状态，与某些特定表达式的使用相对应，比如英语中，it 的使用要求其所指是焦点的，that、this、this N 的使用要求其所指至少是激活的，that N 的使用要求其所指至少是熟悉的，the N 的使用要求其所指至少是唯一可识别的，无定 this N 的使用要求其所指至少是指称的，a N 的使用要求其所指至少是类可识别的。

所谓"焦点的"，即名词性成分的所指不仅处于短时记忆中且为现时注意力中心。一般来说，其所指是谈论的主话题，或是前一句的主语或话题。一般零代词或轻读代词往往要求所指是焦点的。汉语中有大量的零代词，但据 Shi（1998：51），其信息状态不全是焦点的。

所谓"激活的",即所指处于短时记忆中。一般是前面不远处的话语刚提及的实体,或是话语的参与者。代名词形式的使用往往要求其所指至少是激活的。据 Shi(1998:51),汉语中写成"它"的代词,其所指的信息状态要求至少是激活的。而"他""她"则多是激活的。"这""那"的使用,其所指至少是激活的。"这 + N"一般是激活的。

所谓"熟悉的",即指接受者因记忆中有其表征而能识别的名词性成分所指,前面没有提及或被感知时,听话者长时记忆中有其表征,反之,则短时记忆中有其表征。Prince(1981)的未使用信息,与已知性等级对照,与"熟悉的"大致相应。一些可推知信息相当于熟悉的,另外,还有一些熟悉的信息状态源于已知性的衰减。有定指示词的使用往往要求其所指至少是熟悉的。

所谓"唯一可识别的",即接受者仅凭名词性成分本身就能识别言者所意指的指称物。可识别性可以是基于听者记忆中已有其表征,也可以基于表达式本身描述了足够多的描述内容。定指表达式的使用往往要求其所指至少是唯一可识别的。据 Shi(1998:51),绝大多数的"那 + N",其信息状态至少是唯一可识别的。

所谓"指称实际实体的",即言者使用名词性成分意指特定的实体。相当于不定实指的,我告知你"我昨天在网上买了一本原版书",其中的"一本原版书"便是指称实际实体的。

所谓"类可识别的",即接受者能处理名词性成分所涉实体类的描述,它们的信息状态就是类可识别的。任何名词性成分的使用,其所指至少是类可识别的。

Gundel 等(1993)的这个分类体系,其特点是着重从意义出发,这样主观性比较强,但是它追求形式上的表现和形式上的验证。

五、Chafe、Lambrecht 的信息状态分类

Lambrecht(1994:109)在继承了 Chafe(1976,1987)的基础上也为信息状态提供了一个分类,具体如下:

不定指的/全新信息（unidentifiable/brand-new）
有依托的不定指的/有依托的全新信息（unidentifiable anchored/brand-new anchored）
非活动的/未使用信息（inactive/unused）
文本可及的（textually accessible）
情景可及的（situationally accessible）
推论可及的（inferentially accessible）
活动的/已知信息（active/given）

这里他首先根据知识维度的可识别性，把话语指称物分成不定指的和定指的。前者再分为不定指的和有依托的不定指的，分别等同Prince（1981）的全新信息和有依托的全新信息；后者依据在意识中是否是激活的，再分为非活动的、可及的、活动的三类。非活动的相当于未使用信息；活动的则是已知信息；至于可及的，即Chafe（1976，1987）的半活动信息，有源自前文已提及、但逐步衰减而得到的文本可及的，有源自场景已有成分的情景可及的，有源自推论点推知的推论可及的。这一分类体系，一方面继承了Chafe（1976，1987）从意识角度把信息状态分成活动的、半活动的、非活动的处理，另一方面也明显受到Prince（1981）的影响。

Chafe是话语语法研究的代表人物之一，Lambrecht（1994）是信息结构研究的经典著作，其分类体系很早就有人套用到汉语中来了（LaPolla，1995）。

六、Ariel 的可及性标记等级

Ariel（1988；1990：73）综合指称距离、指称物的突显性、近现性、话题性等因素，提出了一个可及性标记等级（accessibility marking scale），具体内容如下［依据Siewierska（2004：176），有所简化］：

零形式（zero）＜反身代词（reflexives）＜代词（pronoun）＜近指代词限定的名词［proximal demonstrative +（NP）］＜远指代词限定的名词［distal demonstrative +（NP）］＜近指代词限定的带修饰语的名词［proximal demonstrative + modifier +（NP）］＜远指代词限定的带修饰语的名词［distal demonstrative + modifier +（NP）］＜短有定描述（short definite description）＜长有定描述（long definite description）＜全名（full name）＜带修饰语的全名（full name + modifier）

这个等级中"＜"左边的形式，其可及性强于右边的形式。这个等级中，越是靠左边的编码形式，其可及性就越强；反之，越是靠右边的形式，其可及性就越弱。可及性就是确定所指过程中心理处理的容易程度，实际上也就是信息状态的新旧问题。

Ariel（1988，1990）的可及性标记等级，最重要的一个特征是从编码形式出发，形式与信息状态之间有一一对应的关系。形式的确定没有主观性，这是优点，但这个等级只涉及有定成分。

七、Baumann 和 Riester 的信息状态分类

Baumann 和 Riester（2012，2013）提出一个在指称和词汇两个层面同时标记的信息状态分类。其指称层面的信息状态分类如下：

a. 已知信息（r-given），即其所指在前面 5 个语调组或小句之内被提及。

b. 情景已知信息（r-given-sit），即"我""你""今天"这类只依托词语呈现但所指出现于文本外语境的指示语。

c. 衰减已知信息（r-given-displaced），其所指出现于 5 个语调组或小句之前。

d. 场景信息（r-environment），依据手势等指向的交际环境中的实体的成分。

e. 桥接信息（r-bridging），即间接回指的成分，或称可推知

信息。

f. 包含的桥接信息（r-bridging-containded），内含依托点的间接回指成分，或称有包含的可推知信息。

g. 了解的未使用信息（r-unused-known），第一次出现但所指为一般人已知的成分。

h. 未了解的未使用信息（r-unused-unknown），依其本身描述可确定其所指，但所指并非为一般人所知的成分。（以上类别仅适用于有定成分）

i. 前指信息（r-cataphor），所指在后面的文本中出现。

j. 泛指信息（r-generic），表示抽象或类指的成分。（这两类可为有定或无定成分）

k. 新知信息（r-new），引入新实体的不定指成分。（这一类别仅适用于无定成分）

很明显上述分类是受 Prince（1981）影响的，不过一些地方分得更细一些而已。这个指称层面的分类与 Gundel 等（1993）的已知性等级有某种对应关系，具体如表 2-1 所示（Baumann and Riester，2012：18）。

表2-1 指称层面的分类与已知性等级的对应关系

指称实际实体的（但非唯一可识别的）	唯一可识别的（但非熟悉的）	熟悉的（但非激活的）	激活的
			已知信息，情景已知信息
		了解的未使用信息，衰减已知信息	
	桥接信息，场景信息	
	包含的桥接信息	
泛指信息

续表 2-1

指称实际实体的 （但非唯一可识别的）	唯一可识别的 （但非熟悉的）	熟悉的 （但非激活的）	激活的
	未了解的未使用信息		
新知信息，前指信息			

指称层面的分类只涉及指称表达式，所以不涉及"类可识别的"这一类别，同时两位学者认为，"焦点的"和"激活的"这两类信息状态难以区分，故都视为"激活的"这一类。他们对词汇层面的信息状态分类如下：

a. 同一已知（i-given-same），即复现的同一表达式。

b. 同义已知（i-given-syn），为前面的词的同义词。

c. 上位已知（i-given-super），为前面的词的上位词或上位集。

d. 下位可及（i-accessible-sub），为前面的词的下位词或次集。

e. 相关可及（i-accessible-other），与前面的词有其他相关关系的成分。

f. 词汇新知（i-new），5个语调组或小句之间无相关名词的名词。

这个词汇层面的信息状态，本质上应是词汇所表达的概念的状态。那些非指称表达式，实际上就只有词汇层面，也就是概念层面的信息状态。

Baumann 和 Riester（2012，2013）是近期对信息状态类型的讨论，两位学者从不同层面区分信息状态的次类，更贴近语言事实。

八、其他学者的信息状态分类

Nissim 等（2004）也提供过一个详细的分类体系，包括已知信息（old）、居中信息（mediated）、新知信息（new）三个大类。已知信息是前面已提及的信息，又细分为：与前面已提及实体共指的一致类（identity），先行者为动词词组的事件类（event），指向话语参与者的一般类（general），类指代词则为类指类（generic），回指前面类指成分的为确定的类指类（ident-generic），关系代词则为关系类（relative）。居中信息是没有直接引入话语，但能推知或一般通知的实体，又细分为：一般通知的一般类（general），约束代词表示的约束类（bound），与前面提及的实体有部分整体关系的部分类（part），表示前面实体所设置的一部分场景的情景类（situation），与前面所提及的动词词组相关的事件类（event），表示集合次集或成员的集合类（set），整个为领有关系词组的领有类（poss），表示维度具体数值的维度值类（func-value），表示新并立在一起的实体的聚集类（aggregation）。新知信息则是前面未曾提及，也不与已提及的实体相关的实体，无细类。这个分类，一方面比较粗，信息状态实际上只有三大类，另一方面又过细，每一次类太细。其次，类的信息的新旧程度也许与大标签不一致。

Götze 等（2007）在一个用于信息结构研究的语料库的标注中，也设计了一套信息状态的分类，分为已知信息、可及信息、新信息三类，除了可及信息分得详细一些，已知信息、新信息的分类相对粗略。

九、汉语中信息状态的研究

汉语当中，有关信息状态的研究很少。一般是介绍国外的研究，如鞠玉梅（2003）、刘云红（2005）、唐韧（2011）、史成周（2013a，2013b）。徐盛桓（1996）在 Prince（1981）的基础上提出了自己的分类体系：零位信息、已知信息、推知信息、（已知+新）信息、新信息。并且给出了一个从旧到新的梯度表：已知信息＜推知已知信息＜不完备已知信息＜（已知+新）信息＜推知新信息＜新信息。不过，这个分类，徐盛桓（1996）并没有用于实践。比较早把信息状态的理论用于汉语研究的是 LaPolla（1995），他利用 Lambrecht（1994）的信息状态类型，归纳了不同所指类型的可能编码方式，如表 2-2 所示（LaPolla，1995：307）。

表 2-2　不同所指类型的可能编码方式

所指类型	编码方式
活动的	零代词、代词、光杆 NP、指示代词
可及的	代词、光杆 NP、指示代词
非活动的	光杆 NP、指示代词
有依托的不定指的	属格短语、关系从句
不定指的	光杆 NP、（数词+）量词
无指的	光杆 NP、（数词+）量词

从上表可以看出，信息状态跟编码形式之间的关系是比较松散的。对于 Lambrecht（1994）的信息状态分类体系，周士宏（2016：48-95）结合汉语有相当详细的介绍，但遗憾的是并没有结合汉语有更深入的研究。

Shi（1998）则是一篇运用 Gundel 等（1993）的信息状态分类体系，比较深入地讨论汉语中名词性形式选择的博士论文。该文对零形式、"那/这+（量）+名"、"一+（量）+名"、指示代词、第三人称代词、光杆 NP 等形式的选择与信息状态的关系做了比较详细的考察。石艳华（2014）也运用 Gundel 等（1993）的信息状态分类体系，从话语角度讨论了汉语中回指形式的选择。

许余龙（2002）的研究，结合 Ariel（1990）的可及性标记等级理论和 Van Hoek（1997）的回指规约理论，提出了一个以可及性和主题性为基本概念的"神经认知语言学回指确认机制"。

总的看来，把信息状态的理论用于汉语研究的，大多是在语篇层面。

十、结语

信息状态、话题和说明、焦点和预设是信息结构研究的三大块。但是信息状态的确认有相当强的主观性，与语用相关。信息状态如何在形式上编码，问题也不简单。从目前来看，所有的研究其实都还是比较初步的。

本研究以存在句当中的名词性成分为切入点，在句法方面主要运用 Gundel 等（1993）的信息状态分类体系，并结合 Prince（1981，1992）、Baumann 和 Riester（2010，2012，2014）的观点，尝试做一些与信息状态相关的研究。之所以从这里入手，原因有两点：一方面，存在句当中的名词性成分一般都是指称性的；另一方面，特定格式、特定位置的限制使问题变得相对简单一些。

第三章 存在句的构成、理解和语用状态

存在句是说明人或事物的存在、出现或消失的特定句式，是非常受关注的一种格式，研究颇多，然而有关存在句的一些最基本的问题仍值得进一步探讨，本章试图在前人的基础上进一步探讨汉语中存在句的句法构成、语义理解和语用状态。

一、存在句的句法构成

（一）存在句的句法构成假设

能够进入存在句的动词有及物动词和不及物动词。我们用 V 表示动词，A 表示及物动词的主语论元，O 表示及物动词的宾语论元，S 表示不及物动词的唯一论元，C 表示使动句的致事（causer）论元，Loc 表示方位/时间成分。相对于及物动词构成的基本小句"A + V + O"而言，及物动词构成的存在句格式"Loc + V + O"是 A 论元消失，然后 Loc 成分占据其位置而构成。对于不及物动词而言，其基本小句结构是"S + V"，立足于不及物动词来看，有的动词可以构成使动句"C + V + S"，不及物动词构成的存在句格式"Loc + V + S"，相对于使动句而言，实际上是 C 不出现，然后 Loc

成分占据其位置而构成①。

关于 A、C 消失或不出现，英语方位倒装句中及物动词以被动形式出现，但不能用"by + A"引出施事的事实提供了一个很好的证据②。关于 A、C 消失或不出现，然后 Loc 成分占据其位置，跨语言的事实也为此提供了证据。有的语言，存在句中需要出现一个虚主语（expletive subject），比如英语中会出现 there。虚主语的出现就是以一个没有明显意义的成分来占据 A、C 消失或不出现留下的空位。值得注意的是，一些非主语脱落语言（non-pro-drop language），当虚主语位置可以由 Loc 成分来占据时，虚主语可以脱落。比如，英语、荷兰语的方位倒装句中 Loc 成分占据虚主语位置时，原虚主语可以不出现（Coopmans，1989：733 - 735；Breivik，1981：11）。

（二）动词前后成分的语法性质

Loc 成分不是 A 或 C，因此不是主语，只是话题成分，所以它可以由名词性成分 NP 或介词结构 PP 等充当③。但 Loc 成分占据原主语的位置，使得它们与一般时地状语成分又不同，存在句中的

---

① 立足于不及物动词来看，汉语里"V + S"句有两种情况：一种情况是构成使动句，如"这些措施丰富了我们的业余生活"，这里是 S 居 O 位置变成役事（causee），然后动前增加一个论元致事（causer）。另一种情况也是 S 居 O 位置且动词前也增加一个论元，但它增加的论元不是致事（causer），而是包括 Loc 成分在内具有话题作用的成分。构成这两类句式的不及物动词处于交叉互补分布，即一些动词只能构成使动句，如"他闭了眼睛""他端正了态度""这事真愁人"，而另外一些只能构成动前增加一个话题成分的句式，如"他家塌了一间房子""柳树抽了芽了""三班复员了两个人"，还有一部分动词则是两可，如"公司断了他家的电—公司里已断了电了""侦察员沉了船—这儿沉了一艘军舰"。这两种句式的差异在于使动句中充当役事的 S 受影响性强，动词前增加话题成分的句式的 S，其受影响性较弱，施事 S 还可以展现相当的施动性。基于上述观察，与使动句相比，"Loc + V + S"格式可以说是 C 不出现，Loc 成分占据其位置而成。

② 英语中的方位倒装句从汉语的角度来看也是一种存在句。

③ 有些时候 Loc 成分也可以不出现，这是因为语境提供了相关知识或它们是隐含的（周芳、刘富华，2002：37）。个别 Loc 成分可由其他形式表示，如"一进门是一口大锅"。

Loc 成分更像被直接陈述的话题，而非表示时空状语的成分，如果把典型主语看成"话题+施事"，那么这些 Loc 成分具有一定的主语性。Loc 成分具有一定的主语性与时空状语不一样，也可以从任何基本小句都可以有时空状语、但不是任何动词都可以构成存在句这一事实得以证明。汉语中 Loc 成分可以是 NP 或 PP。Loc 成分的语法性质不同，其主语性有差异，NP 的主语性要强于 PP，这是因为主语难以由 PP 充当。这一点，跨语言的事实也提供了相关的证据，英语方位倒装句动前的成分除了可以出现 there，都是 PP，而 Chichewa 语动前的 Loc 成分总是 NP，它们都具有一定的主语性。但是，Chichewa 语中动前 Loc 成分因为总是名词性的，其主语性是显而易见的，英语中 PP 的主语性需要仔细地分析（Bresnan, 1994: 93 – 96）。

对于动后的 NP 而言，O 本是宾语论元，S 也是居 O 位置，它们都具有一定的受影响性，因此多取宾语分析。但是 A 去掉，O 的受影响性会减弱，C 不出现，S 的受影响性很弱，施事 S 可以展现施动性，因此有人（黄南松，1996: 31）把动后 S 分析为主语。这两种分析皆具合理性。这一点跨语言的事实也提供了证据。英语中存在句的 O 和 S 以主格编码，现代希伯来语（Ziv, 1982: 74）中则以宾格标记。芬兰语中的存在句，O 和 S 以部分格和主格编码，部分格更多时候是充当宾语的（Helasvuo, 2003: 263 – 266）。汉语中除了语序外，没有显性标志，分析存在分歧是可以理解的。

（三）动词本身的限制

Bresnan（1994: 80 – 83）认为，S 或 O 与 Loc 成分存在"主题 – 方位"（theme-locative）关系的动词才能进入存在句。我们认为除了这个条件外，进入存在句的及物动词还与去掉 A 的能力相关，不及物动词则还与 S 居 O 位置且不出现 C 的能力相关。

就进入存在句的及物动词而言，其构成的"S + V + O"句必须是表示状态的，其 A 才能去掉，因为状态延续不需外力支持①。因此及物动词构成的存在句总是表示存在状态的。能构成存在句的及物动词，它们所概念化的场景中必须有一个表示 O 最后所在位置且比较突显的 Loc 成分，这样才能满足 O 与 Loc 成分存在"主题－方位"关系的要求。在上述两个条件限制下，只有"堆""栽""贴""放""摆""插"这类具有施事、客体、处所三个论旨角色且能表示造成的结果状态延续的动词，以及"有""没有""是""剩下"等关系动词可以构成存在句。

能够进入存在句格式的不及物动词，要求场景中也有一个相对突显的 Loc 成分，能与 S 构成"主题－方位"关系。不过光有这一点是不够的，举例来说，我们可以说"他总是工作在最累最脏的地方""他出差在北京"中的 S 与 Loc 成分具有"主题－方位"关系，但"工作""出差"都不能构成存在句。存在句的构成还与 S 移到 O 位置且不出现 C 的能力相关。关于不及物动词的 S 居 O 位置且不出现 C 的限制，刘街生（2010）对此有详细讨论，这里只简述结果。如果把郭锐（1993）中的 Vc4、Vc5 类动词视为动作动词，其余的动词视为非动作动词，那么只能带弱施动性 S 的动作动词，其 S 可据 O 位置，如"流了血""褪了色"；另外一些运动动词，当带上表始点或终点的成分后派生出非动作动词即结束动词（accomplishment verb），其 S 也可以出现在 O 位置，如"草丛里蹦

---

① Pan（1996）认为，存在句"桌子上放着一本书"中 A 不能出现，是"着"字引发的施事者删除的结果。我们不太同意这样的处理。因为存在句"桌子上放了一本书"，其 A 也一定不能出现，否则便不是存在句。另外，一些关系动词构成的存在句，动后一定不能出现"着"，但其 A 也一定不能出现。我们认为，A 不出现是存在句本身的句式限制。

了一个蚂蚱"①。非动作动词的 S 居 O 位置与动词表示终点变化的能力相关，只有表示终点变化能力比较强的动词，其 S 才可能居 O 位置。如"床上躺着一个人""毕业了几十个学生"。S 居 O 位置是一种"非常规宾语"（邢福义，1991），因此在上述语义限制之上，词汇化因素还对动词的 S 居 O 位置施加了更加严格的限制。在符合上述全部条件之外，也只有可解析为内部使因的动词，其 S 居 O 位置时 C 可以不出现②，如前面例中已出现的"流""褪""蹦""躺""毕业"。

（四）动词性质的变化和句子变换的限制

很多学者注意到存在句动词性质的变化。如雷涛（1993：249）认为，存在句中的动词不表示动作行为。Jenkins（1975：46）、Coopmans（1989：741）认为存在句加强了动后 S 的非施事理解。对于"Loc + V + O"格式而言，A 去掉，动词无施事力，其动作性自然弱，整个句子表示静态状态。任鹰（2000：32）认为存在句中及物动词如"挂""夹""系""涂""写"等，表示静态义时，其宾语不受任何外力的影响。对于"Loc + V + S"格式而言，比照使动句，S 居于 O 位置，表现出一定的受影响性，因此施动性减弱。形式上的反映是即便动词是自主动词，整个句子也是不自主的。

汉语的被字句"被"后一定有 A 存在，即便不出现，也只是省略或隐含。使字句则必须有致事 C 存在。而存在句中 A 和 C 一定要去掉，因此存在句不会与被字句和使字句存在变换关系。存在

---

① 存在句中这一语义限制有反例存在，如"天空中飞(1)着几只鸟儿""树上爬(1)着一群蚂蚁"中没有表起点、终点的成分，可是这里的 S 仍然可以出现在 O 位置。但此时动词必须带"着"状态化，动前也不能受"在"修饰。另外，对于运动动词而言，如果 S 居动后时，动前成分与 S 存在领属关系，也可赋予动词 [+telic] 特征，派生出非动作动词，它们的 S 居 O 位置也可实现，如"三个蚂蚱蹦了两个"。

② 一些及物动词用如不及物动词，比如，"马上骑一个人""身后跟着李明""三楼搬了三户人家"，在存在句构成的表现上与一般不及物动词相同。

句也不能变换为强处置义的把字句，因为其"把"后成分一定要有强受影响性特征，不过个别存在句可以变换为弱处置义的把字句，如"监狱里跑了一个犯人—监狱里把个犯人跑了"。

总而言之，本研究的句法构成假设给了存在句一个明确的句法定义，比较好地解释了存在句中各种成分的性质和动词限制。下面我们从语义理解的角度讨论 S 和 O 的形式限制。

二、存在句的语义理解

（一）存在句的定指效应

对存在句中动后 S 或 O 的限制，讨论得最多的是定指效应，即存在句动后 S 或 O 一般不能是定指形式。从理解的角度看，存在句最基本的语义是表示 S 或 O 所指的存在，如果它们是有定形式，有定 NP 会触发存在预设，再用存在句表示其存在就违背了合作原则，这便是定指效应的来源（Lumsden, 1988: 140 – 152, 214 – 217）。

汉语存在句的定指效应虽然存在，也就是说，S 或 O 一般不能是有定形式，但是汉语存在句中定指效应很明显没有英语 There be 存在句那么突出，这与汉语中存在句的动词、动前状语和名词形式本身等许多因素相关。

（二）存在句中 S 或 O 定指的情况

第一，当核心动词不是"有"的情况，存在句不只是单纯地表示存在，还具有其他功能（Huang, 1987: 247），因此可以容忍预设 NP 所指的存在。先看动词是"没有"的存在句。

（1）<u>这天晚上没有月亮</u>……（刘庆邦：《摸鱼儿》，载《收获》2004 年第 6 期，第 58 页）。

上面例中"月亮"所指唯一，是定指形式，可以触发存在预设。另"我们把杯子里的冰镇啤酒喝光了,我打开冰箱,里面没有啤酒了"中第二个"啤酒"可以理解为类指的,能触发存在预设。但否定存在句恰恰以预设 NP 所指的存在为前提,然后否定这一点,所以句子合法。

"是"字存在句除了表示存在,还有判断作用,可以容忍预设 NP 所指的存在,例如:

(2) 现在,他在女儿敞开的房间门口……他知道自己现在是父亲,<u>面前是女儿的房间</u>,虎毒不食子,老子再坏也不能偷女儿的。(祁智:《门上的舞蹈》,载《短篇小说》2001 年第 10 期,第 49 页)

上面例中"面前是女儿的房间"中"女儿的房间"是定指的,前面才提及,也是旧信息,但这里"是"具有断言作用,因此全句并无异感。

其他动词构成的存在句,除了表示存在,往往还可以表示动后 NP 的存在、出现或消失的方式等(Huang,1987:242),也可以容忍预设 NP 所指的存在。例如:

(3) 蔡大看见警车开过来了,<u>里面坐着孙公安孙海</u>。(陈闰:《手边的幸福》,载《中篇小说选刊》2003 年第 1 期,第 178 页)
(4) 张满朵把目光抛向南山,<u>南山上躺着安静的茶花</u>。(海飞:《温暖的南山》,载《十月》2003 年第 3 期,第 214 页)

上面例中的存在句不仅仅表示存在,还表示动后 NP 存在的方式,整个句子具有描写性,因此对 NP 所指的存在预设并不排斥。事实上,一些状语成分也可以加强这种理解。例如:

(5) 女子一走，围观的的人群也散了，马路上孤零零地躺着那踩裂了的洞箫。（徐锁荣：《地铁站口的吹箫女人》，载《小说选刊》2005 年第 9 期，第 112 页）

上面例中的"孤零零地"加强了存在方式的理解，句子描写性强，动后 NP 是指示词短语。

第二，句子有列举理解时，可以容忍预设 NP 所指的存在，NP 自然可以是定指形式。例如：

(6) 李家书看见了车灯……车里是大个子警员、孙海和贾公斤，他们朝李家书的家开过来。（陈闯：《手中的幸福》，载《中篇小说选刊》2003 年第 1 期，第 182 页）

上面例中存在句动后的成分是"清单"，"清单"的项可以是定指的，如"大个子警员""孙海""贾公斤"。列举理解可以以动后成分的多项来表示，如上面例，也可以以动前带范围副词限定，或 NP 为计数式同位结构形式（刘街生，2004：69），或数种方法兼用来表示。

(7) 此时李学军脑袋里只装着桂花了，根本盛不下别人的影子。（石钟山：《一人当兵全家光荣》，载《小说月报》2003 年第 8 期，第 39 页）

(8) 冬梅的这铺炕上，只剩她一人了，冬梅感到很孤单。（曹明霞：《土豆也叫马铃薯》，载《小说选刊（下半月号）》2004 年第 12 期，第 52 页）

(9) 楼下的的三四间房，分别住着她和她的两个同学。（黄蓓佳：《枕上的花朵》，载《中篇小说选刊》2003 年第 1 期，第 30 页）

上面例中,"李学军脑袋里只装着桂花了",动后虽只有一项,但动前的"只"表明这里也是"清单"列举理解。"冬梅的这铺炕上,只剩她一人了",动后"她一人"是计数式同位结构形式,其后一半是数量(名)形式,表明已是"清单"列举理解,这一例动前还出现"只"来加强这种理解。"分别住着她和她的两个同学",动后"她和她的两个同学"已含多项义,动前还用"分别"加强分项列举理解。这里再补充另一些也可视为列举理解的例子:"沙发旁是她的轮椅,还有她的小拐杖""向桂来找葛俊了,向桂身后还站着甘运来"。这里的副词"还"表示项目的增加(吕叔湘,1999:252),也属列举理解,这样的存在句也容易容纳定指 NP。一般认为,存在句由定指 NP 触发存在预设而产生的列举理解,是违反会话合作原则而产生的会话蕴含,因为已预设 NP 所指存在,再用存在句表示其存在,违背了量准则。但是汉语中存在句往往以形式本身来表明列举理解,这使得违背合作原则的感觉不太强,定指效应感觉上不突出。

第三,一些存在句虽然动后 NP 表面像是定指形式,但是它们所指并不唯一确定,因此并不预设 NP 所指的存在,与定指效应不矛盾。例如:

(10)《辞海》里倒有这个字,标音为……(汪曾祺:《故乡的食物》,北大语料库)

上面例中"《辞海》里倒有这个字"中"这个字"是定指形式,但依据 Ward 和 Birner(1995:728-749)以及 Lumsden(1988),这里它是表示旧类当中的新例,并不预设 NP 所指的存在,因此与定指效应并不矛盾。

(11)他看见向瑶慌慌张张从卫生间奔出来,<u>身上赫然穿着琼林的睡衣</u>,而且偏偏是琼林坠楼那天穿过的纯白色半旧软

缎的睡衣。(黄蓓佳:《爱情是脆弱的》,载《小说月报》2003年第8期,第77页)

这里"琼林的睡衣"表面上像是定指形式,其实它还是表示一个类,存在句中它仍然指称一个例,其后边的后续成分明确表明了这一点。汉语无明确的"有定""无定"标志,且是所谓的 AG 语言,领有定语并不决定整个结构是定指的(Lyons,1999:132),这也是定指效应不明确的一个原因,存在句中名词性成分是领属结构形式的并不少见。事实上,"这儿有全世界最高的山"这样的存在句中"全世界最高的山"也可以认为是表示一个"类"的(邢福义,2000),因为存在"全世界最高的山之一"的说法,因此也可以认为其并不预设 NP 所指的存在,从而不违反定指效应。

第四,存在句如果处于其他成分触发的预设当中,此时 NP 也可以容忍定指形式。

(12) 我们上了出租车,<u>车上仍是刚才那些熟人</u>。(尹丽川:《符马桥》,载《小说选刊(下半月号)》2004 年第 12 期,第 81 页)

(13) 反正每次<u>家里出现毛冥,或电话里出现(毛冥),或我口中出现(毛冥)</u>时,妻子就有不快的脸色。(但及:《刀片上的光》,载《短篇小说》2001 年第 10 期,第 15 页)

上面例中,"仍""每次……时"预设某种情况的存在,NP 所指在这预设当中,因此可以是定指形式。类似的情况还有"小屏幕里又呈现出那气宇轩昂的物件""我的心里也有你"等。事实上,"房间里有没有那幅齐白石的《醉虾图》?"这样的问句,它预设"房间里有那幅齐白石的《醉虾图》"或者"房间里没有那幅齐白石的《醉虾图》",因此 NP 也可以是定指形式。例(13)还显示了专名的特殊性,似也表示一个类。有人(Lyons,1999:196)把专名处理成类指的,这一处理有一定的合理性,存在句中专名前多加"一+个"类结构修饰就是形式上的证明。

第五,如果话语当中,存在句的 NP 所指同时跨两个域时,NP 也可容纳定指形式。

(14) 然后他们又看到这个女人又从家里出来了,<u>她的身后跟着那个变好了但又不怎么说话的弟弟</u>。(海飞:《温暖的南山》,载《十月》2003 年第 3 期,第 210 页)

(15) 剁了它!剁了它!<u>他的脑海中弥漫了这声音</u>,这声音越来越响,就像要把他的脑子炸开。(潘灵:《一只叫伤心的猫》,载《十月》2003 年第 3 期,第 93 页)

例(14)中"那个变好了但又不怎么说话的弟弟"的所指,于读者而言,是文本内部的世界,但于"他们又看到"中的"他们"而言,是文本外部的世界。例(15)中"这声音"的所指"剁了它",于读者而言,是文本内部的世界,于"他"而言,是文本外部的世界。这样的存在句,其 NP 可以是定指形式。上面两例中 NP 都是指示词短语。类似的如:"方博看到,他们身后,七八米远的地方,站着那个小女孩""她回过身去,眼前就站着他"(李临定,1988:217)。

除了上面五种情况外,从例(3)"蔡大看见警车开过来了,里面坐着孙公安孙海",例(4)"张满朵把目光抛向南山,南山上躺着安静的茶花"中可以看出,动后 NP 的信息新于动前 NP 的信息也是存在句中动后 NP 容纳定指形式的因素。例(3)中,"里面"是可由"警车"推知的信息,"孙公安孙海"是专名且前面未提及,是新信息。例(4)中,"南山"是刚提及的信息,"茶花"前面虽提及但这是很早的事。这两例中,动后 NP 的信息都新于动前 NP 的信息,这也是促动动后 NP 容纳定指形式的因素。再看一个例子"上有天堂,下有苏杭",存在句动后定指 NP 处于对比焦点当中，对比也是促成动后 NP 容纳定指形式的因素。总而言之，存在句的信息状态分布，也是促成其动后 NP 容纳定指形式的因素。

（三）小结

总的来说，汉语存在句也存在定指效应，NP 多理解为无定或非类指的，但是由于动词本身、动前状语和名词本身形式等因素的影响，定指效应没有英语的 There be 存在句那么突出。不过，汉语中与 There be 存在句相当、动前无修饰成分的"有"字存在句，当动后 NP 是专名时，其定指效应还是可以明确地体现出来。非列举理解的专名一定要用"（一）个"类数量结构引出。例如：

（16）<u>前官地村有个廖家</u>，祖辈拙耕擅牧。（遥远：《永远的羊》，载《小说月报》2003 年第 8 期，第 103 页）

汉语中的存在句虽然定指效应不十分突出，不过就使用频率而言，存在句动后 NP 是专名、指示词短语的情况是比较少见的，但最少见的还是动后 NP 是单个人称代词的情况。

三、存在句的语用状态

（一）存在句的信息状态和语用功能

根据存在句的句法构成，存在句中没有 A 或 C，S 和 O 归并在一起。Du Bois（1987）认为，语言中信息分布的原则往往是一个小句中，为避免多于一个新论元，新信息避免放在 A 论元上，因此新信息会促动 S、O 与 A 区分开来，归入同一范畴。存在句中 S、O 归并在一起，句子当中没有 A 或 C，比较极端地体现了这一"优先论元结构"（preferred argument structure），正因为如此，存在句中 S 或 O 有表新信息的强烈倾向。即便 S 或 O 定指时，它们也多是表达新信息的。

汉语中定心存在句（宋玉柱，1982b）的构成，与存在句动后的 NP 一般是表示新信息这一因素密切相关。存在句中因为动后成分一般表示新信息，而有的存在句，比如动词是"是"或"有"的存在句，动词语义由格式体现得很充分，此时中间的动词可以脱落，其结果就形成"山下一座古庙""屋外一片月光""地板上一片血迹"之类的定心谓语存在句。如果再进一步，就形成"天地间一片沉寂"这样的"一片"可以用"很"替换，但不被雷涛（1993：246）认为是存在句的句子。

从语用上看，存在句基本上是一种呈现结构（presentational structure），往往是把一个新事物引入话语当中。例（16）"前官地村有个廖家，祖辈拙耕擅牧"，用于小说新的一节的开头，动词前后都是新信息，这一例非常好地体现了存在句的引入功能。前面提到一些存在句的描写性，这也是与呈现结构往往具有描写性相关的。

总的看来，存在句的句法结构"Loc + V + S/O"，是其信息状态和语用功能的句法基础，S 或 O 的定指效应与其信息状态和语用功能也是相适应的，存在句让我们看到了语言中形式和功能的相互适应性。

（二）"有"字语法化

汉语中"有"字存在句的功能最纯粹，就是表示存在，把 NP 所指引入前面时空成分所设置的场景中。从汉语史上看，有动词的存在句中，"有"字存在句最早产生；从共时来看，"有"字存在句使用频率最高。定指效应在"有"字存在句中体现得最明显。在这样的条件下，汉语中的"有"字也在一定程度上语法化为引入无定成分的标志了。首先，现在单独的"有"字存在句使用频率并不高，多数"有"字存在句像"舞台的上空又有纸片纷纷扬扬掉下来"这样，动后 NP 紧接后续小句。其他类存在句，动后 NP 紧接后续小句而不是用标点符号隔开的，除了"没有""是"，只有极少数情况。其次,"有"字可以纯粹引出无定主语或话题,形式上看不到它与存在句的任何关系,如"有一桩事吴桐不忘""有一次从剥皮洲回来"中的"有一桩事""有一次"。总的来说,"有"字存在句中的"有"在一些语境中已语法化成了一个引出无定成分的标志。这一过程虽很早就开始了,上古汉语中就有"有 + N + VP"格式,但其语法化程度似仍不高,且保留动词用法。这一点类似英语,英语中存在句使用频率最高的是 There be 句,there be 也在一定程度上语法化了:其一,形式上可以写成 there's 形式,is 在一定程度上附着化了;其二,NP 往往有谓语成分(Givón,1988:266-271)。

四、结语

存在句的句法构成假设给了存在句一个明确的句法定义,对于"Loc + V + S"存在句而言,它与非存在句界限比较清楚。只有"桥下走车""楼上住人""行人道上不可以跑汽车",这类供使句与之有些形式上的相似,但这类句子表达的是一种容许义,它们与使动句更相似。对于"Loc + V + O"存在句而言,它与非存在句的界限,就不是很明确了。"他手指之间夹着一根小木棍""他嘴里念着经"这类句子人们常把它们划为存在句,但根据我们的假设,它们不应被划为存在句,因为它们可以说成"他手指之间用力夹着一根小木棍""她嘴里用她那曼妙的声音念着经",动前可以出现工具方式状语,工具方式成分与 A 联系密切,因此这里把 Loc 成分看成一般状语更合适。"包里放过一万块钱"被认为是带"过"的历体存在句(宋玉柱,1991b),也可以补出 A,因此它们应不是存在句。"墙上挂了一幅齐白石的画""桌子上摆了一盆花",这样的句子是不是存在句呢?人们往往认为这里的"了"和"着"意义一样(任鹰,2000),有人认为它们是完成体动态存在句(宋玉柱,1989),大多数人也认为这类句子是存在句。它们在能补出 A 的情况下,肯定不是存在句;但在补不出 A 的情况下,由于其中的动词构成一个特定的类,可以表示生成结果状态的延续,应是存在句。"脑袋上磕了一个包"更是特别,它补不出 A,但可以用"被"引出 A——"脑袋上被石头磕了一个包"。不带"被"字应可视为存在句,带上"被"字时应不再是存在句,而是间接被动句。

从历史上看,中间有动词的存在句,"有"字存在句出现最早,这或者反映了存在句的基本功能是表示存在。然后,才有"Loc + V + O"格式。直到近代,才出现"Loc + V + S"格式(储泽祥等,1997;王建军,2003:135)。"Loc + V + S"的最后形成,可能与汉语当中一般使动句走向衰落相关;对不及物动词而言,"Loc + V + S"格式的形成也是一种补偿,因为其 S 仍然可以居于 O 位置。

第四章 存在句的动词考察

存在句动词的研究，早期以李临定（1986：72-104）、潘文（2006：110-156）的讨论最为详细，但他们对存在句的动词多是描写其类别，少有对限制的解释。董成如（2009：109-114）试图用轻信息理论来解释存在句动词的限制，但轻信息原则概括性太强，预测性太弱。许多学者也从非宾格性角度讨论存在句动词的限制，但往往陷入存在句的动词是否都是非宾客动词的争论。近年，田臻（2014：143-154）从事件语义角度，王立永（2015：74-85）从认知解析的角度对存在句动词限制的讨论颇有新意，但不全面。本章试图对进入存在句的单动词、动结式，给出一个统一的说明。

存在句的功能是表示特定时空背景下存在、出现、消失某人或某物。存在句的结构可表示为"Loc + V + O/S"（V 表示动词，A 表示及物动词的主语论元，O 表示及物动词的宾语论元，S 表示不及物动词的唯一论元，Loc 表示时间/处所成分）。进入存在句的动词必须满足两个条件：第一是动词引出的 O/S 与动前的 Loc 成分能突显某种方位参照关系，即 Loc 成分是 O/S 存在、出现或消失的位置（龙涛等，2009）；第二是及物动词的施事论元 A 一定要删除，不及物动词的唯一论元 S 要居 O 位置，把动前位置提供给 Loc 成分。正是这两个条件对进入存在句的动词做出了根本限制。

一、存在句中单动词构成限制

（一）进入存在句的及物动词

动词一般概念化事件，事件本身可能涉及时间、处所，或者总在一定时间、处所中展开，所以动词概念化的场景中一般都有一个 Loc 成分，但只有 Loc 成分与 O 之间可突显方位关系时，才有可能构成存在句。比如，"在图书馆他写了字""在黑板上他写了字"所描述的场景中都有一个 Loc 成分，但"在图书馆"与"字"之间不能突显方位参照关系，"在图书馆写了字"不能构成存在句。而"黑板上"与"字"则能突显位置关系，"字"在"黑板上"，"黑板上写了字"则可以构成存在句。"黑板上写了字"可以构成存在句的另一原因是，"黑板上"与"字"能突显位置关系，"黑板上（被）他写了字"，可以表示动作产生的静态结果状态（resultative state），状态的延续一般不需要外力 A "他"的支持，A "他"可以被删除掉，从而构成存在句。而"在图书馆他写了/着字"，不是表示静态结果状态，而是表示过程变化或动作进行，A "他"是这类过程变化或动作进行所需要的外力，不能被删除掉，即便 A 表面上不出现，语义上也是存在的，这也限制它不能构成存在句。"外面敲着锣鼓""台上演着梆子戏"不是存在句，原因就在于它们表示动态的活动，动词的 A 不能被删除掉，另一方面，O 与 Loc 成分之间也不能突显方位参照关系。

施事及物动词，其 O 与 Loc 成分之间能突显位置关系，可表示静态结果状态，其 A 可删除。从而能构成存在句的有两类，一是"塞""挂""栽""贴""插""装""悬""搁""穿""戴""腌""镶嵌""晾晒""叼"这类具有"置放"义的动词，一是"印""画""写""建""挖""修""搭"这类具有"创造"义的动词。前一类是使已经存在的实体 O 处于 Loc 位置，后一类是在 Loc 位置创造实体 O，它们可突显 O 与 Loc 成分之间的静态位置关系。比如

"墙上他挂了一幅画",是"他"使"一幅画"处于"墙上","墙上他画了一幅画",是"他"在"墙上"创造了"一幅画",最后它们都使 O 处于 Loc 位置。因为 O 与 Loc 成分之间可突显静态位置关系,"Loc +(被)A + V + O"可以表示动作造成的静态结果状态,如"墙上他挂了一幅画""墙上他画了一幅画"皆可表示静态结果状态,这个状态延续不需要外力支持,所以 A 可去掉,于是可以构成存在句"墙上挂了一幅画""墙上画了一幅画"。谭景春(1996)所谓破损义存在句,其中的及物动词如"撞""磕""划""捅""抓""砸""撕""掐""碰""扯""咯""蹭""剁""叮""割"等,全是用如"创造"义动词,是在 Loc 位置创造实体 O,比如,"头上被石头碰了一个包""鞋上他踩了好些泥",是"石头"在"头上"创造了"一个包",是"他"在"鞋上"创造了"好些泥",Loc 是 O 所处的位置,于是这类句子可表示结果状态,A 可以去掉,可构成存在句。其他类的施事及物动词,不符合这两方面的条件,不能进入存在句。施事及物动词构成的存在句,只能表示静态的结果状态。

非施事及物动词,除 A 是经验者,O 是刺激物的心理、认知或感知动词外,A 不是"V + O"事态的外力提供者,因此有可能被删除,只要 O 与 Loc 成分之间能突显某种方位参照关系,就可以构成存在句。如"我少了一件东西"中"少"不是心理、认知或感知动词,"我"也非施事,非外力提供者,于是 A"我"可以删除掉,动前可加上 Loc 成分,构成"桌上少了一件东西"这样的句子。因为"一件东西"与"桌上"能突显方位参照关系,即"一件东西"从"桌上"消失了,这个句子是存在句。这类动词有"多""少""露""透""泛"等,虽数量很少,但"V + O"可以表示过程的变化、进行或结果状态,于是构成的存在句,可以是表示出现或消失的,也可以是表示存在的。如前面的"桌上少/多了一件东西"表示消失/出现,而"口气中透着自信""衣服下面露着一根带子"等表示存在。谭景春(1996)所谓的破损义存在句,其中的不及物动词如"鼓""肿""炸""塌""陷""破""开""裂""豁""冻""漏"等，实际上都是带上结果宾语，用如这类及物动词，结果成分与动前 Loc 成分存在方位关系，而 A 可去掉，于是可构成存在句。具体例子如"牙床上肿了一个包""桌子下面裂了一条缝""袖子上破了一个洞"等。总的来说，这类动词比较少。原因之一，非施事及物动词中，A 是经验者，O 是刺激物的心理、认知或感知动词，构成的句子即便表示状态，其 A 也不能被删除掉，A 是经验者，没有它，"V + O"事态就不可能发生。比如"我相信他""我看见了他"，虽然"我"与"相信"之间、"他"与"看见"之间不存在施事关系，但它们仍不能被删除掉，因为没有具有感知能力的 A，"相信"或"看见"这种状态或变化就不能发生。这类动词不能构成存在句，如"机场上可见到很多飞机"不会是存在句，虽然"飞机"在"机场上"，两者有方位参照关系。原因之二，O 与 Loc 成分之间能突显方位参照关系的要求，也会排除许多非施事及物动词，比如，"今天在外面他输了好几盘棋"，虽表示状态，但"好几盘棋"与"在外面"之间不能突显方位参照关系，即便"他"可删除掉，也不能构成存在句。

另外，"有""没有""是""剩"之类的关系动词，"A + V + O"总是表示强静态状态，其 A 不是施事、外力提供者，有可能被删除，它们引入的 O，可以与 Loc 成分之间突显方位参照关系，可构成存在句，如"山上有树""屋外是一群饿狼"等。至于"像"之类的关系动词，引入的 O 难以与 Loc 成分之间突显方位参照关系，则不能构成存在句，比如"神态上像他"，"神态上"与"他"之间没有方位参照关系，不是存在句。关系动词表示静态状态，所以它们构成的存在句只能表示存在。由于"有"能纯粹地表示 O 与 Loc 成分之间的位置关系，它们构成的存在句是最纯粹的存在句。

（二）进入存在句的不及物动词

进入存在句的不及物动词，首先，其 S 可居 O 位置且 S 移走后的位置不被别的成分占据，这样 Loc 成分才能占据动前位置。刘街生（2010：269）基于郭锐（1993）把动词分为状态、动作、结果动词三类①，并认为符合要求的动词，可以概括为：①是只能带非有生 S 的动作动词或含移位方式的动作动词（verb of manner of motion）以及具有表示过程变化（telic change）能力的非动作动词；②同时是可解析为内部使因的动词[internally caused verb，即其 S 是自发地参与过程，而不是外力促使 S 参与过程（Levin and Rappaport，1995：91-92）]；③还得是符合词汇化和其他一些因素限制的动词。其次，符合前述条件的不及物动词，它们引入的 S 与 Loc 成分之间必须能突显某种方位参照关系，才能构成存在句。

具体而言，进入存在句的结果动词，一类是表示位置变化的，如"出来""出去""到""来$_{(1)}$""起来$_{(1)}$""逃$_{(1)}$""摔$_{(2)}$""走$_{(3)}$"，它们符合第一个条件（刘街生，2010：265）。表示位置变化，引入的 S 自然与 Loc 成分之间能突显方位参照关系，符合第二个条件。另一类是表示状态变化的，如"爆发""毕业""断$_{(1)}$""发生""死""塌$_{(1)}$""牺牲"等，它们符合第一个条件（刘街生，2010：265）。这些表示状态变化的动词能派生出现或消失义，因此 S 与 Loc 成分之间也能突显某种方位参照关系，符合第二个条件。这两类动词构成的存在句，总是表示出现或消失。实例可参看孟琮等（1987），另举两例：

---

① 郭锐（1993）把孟琮等（1987）中按义项出条的动词共 2167 个当中的 1890 个分成了十类：Va、Vb、Vc1……Vc5、Vd1、Vd2、Ve。它们依次构成一个内部过程由长到短的连续体。刘街生（2010）把 Va、Vb、Vc1、Vc2、Vc3 视为状态动词，Vc4、Vc5 视为动作动词，Vd1、Vd2、Ve 视为结果动词。

(1) 没想到，<u>过来一个日本兵</u>，手里斜端着枪，他看伍海清，伍海清也看他。（葛水平：《黑雪球》，载《小说选刊》2005 年第 9 期，第 11 页）

(2) <u>1946 年在美国的宾夕法尼亚大学，诞生了世界上第一台电子计算机 ENIAC</u>。（北大语料库）

例（1）中的"过来"表示位置变化且可解析为内部使因的，符合第一个条件。零形式的 Loc 成分表示 S"一个日本兵"移位的始点或终点，符合第二个条件。例（2）中的"诞生"表示状态变化，也可解析为内部使因的，符合第一个条件。Loc 成分"在美国的宾夕法尼亚大学"表示 S"世界上第一台电子计算机 ENIAC"出现的位置，符合第二个条件。这两个动词可构成存在句。

进入存在句中的状态动词，一类是表示空间配置的，如"蹲$_{(1)}$""躲""跪""流动$_{(2)}$""趴$_{(1)}$""住$_{(1)}$"。"围""骑""跟""包围"等的不及物动词用法，也属于这一类，它们符合第一个条件（刘街生，2010：265）。表示空间配置，引入的 S 处于 Loc 位置，符合第二个条件。另一类是表示形成某种状态并延续的，如"病""昏迷""活动$_{(2)}$""生活$_{(2)}$"等，它们符合第一个条件（刘街生，2010：265）。这类动词能派生出所处位置的含义即 S 处于 Loc 位置的含义，符合第二个条件。这两类动词构成的存在句总是表示存在的。实例可参看孟琮等（1987），另举两例：

(3) <u>她的身后跟着那个变好了但又不怎么说话的弟弟</u>。（海飞：《温暖的南山》，载《十月》2003 年第 3 期，第 210 页）

(4) <u>埃菲尔纸铁塔上亮着一闪一闪的灯</u>，法国歌像 B-52 轰炸机般振荡着整个大厅。（康梦：《彷徨》，载《收获》2006 年第 1 期，第 143 页）

上面例（3）中"跟"是不及物动词用法，是表示空间配置的，暗含形成这个空间配置的过程变化，同时可解析为内部使因的，符合第一个条件。Loc 成分"她的身后"表示 S"那个变好了但又不怎么说话的弟弟"所处的位置，符合第二个条件。例（4）中的"亮"表示状态形成并延续的，暗含形成状态的过程变化，同时可解析为内部使因的，符合第一个条件。Loc 成分"埃菲尔纸铁塔上"也表示 S"一闪一闪的灯"所处的位置，符合第二个条件。这两个动词可构成存在句。

进入存在句的动作动词，一类是含移位方式的运动动词，如"蹦""爬$_{(1)}$""跑$_{(1)}$""飘""跳$_{(1)}$""走$_{(1)}$""搬$_{(2)}$""飞$_{(1)}$""游"，它们符合第一个条件（刘街生，2010：264）。这类动词，能表示位移，可表示 S 位置的变化，引出的 S 自然与 Loc 成分之间能突显方位参照关系，符合第二个条件。它们可构成表示出现或消失的存在句，如"草丛里蹦了一只蚂蚱"。另一类是只能带非有生 S 的动词，如"冒$_{(1)}$""闪$_{(5)}$""响""刮1$_{(2)}$""流传""飘扬""长$_{(1)}$""沉""开$_{(1)}$"等，它们符合第一个条件（刘街生，2010：264 - 265）。这两类动词都可派生出所处位置含义即 S 处于 Loc 位置含义，符合第二个条件。它们可构成表示存在的存在句。实例可参看孟琮等（1987），另举两例：

（5）她是悲观主义者，<u>在她的头顶，盘旋着一群呱呱乱叫的乌鸦</u>。（吕不：《如厕记》，载《十月》2003 年第 4 期，第 90 页）

（6）<u>空气里弥漫着取灯不熟悉的药味</u>，她觉得它们又好闻又不好闻。（铁凝：《笨花》，载《当代》2006 年第 1 期，第 72 页）

上面例（5）中的"盘旋"是含位移方式的动作动词，例（6）中的"弥漫"只能是带非有生 S 的动作动词，都可解析为内部使因的，符合第一个条件。Loc 成分"在她的头顶""空气里"分别表示 S"一群呱呱乱叫的乌鸦"和"取灯不熟悉的药味"所处的位置，符合第二个条件。这两个动词可构成存在句。

不及物动词的 S 居 O 位置，把动前位置提供给 Loc 成分构成的存在句，跟非施事及物动词构成的存在句相似，既可以表示存在，也可以表示出现或消失。

二、存在句中动结式构成限制

（一）结果谓词主语同主动词主语一致的动结式

进入存在句的动结式，受与单动词同样的条件限制，我们从小句结合（clause union）的角度来阐述。具体做法是把单动词及其核心论元构成的"A + V + O""S + V"视为基本小句结构，把动结式看成主动词小句和结果小句构成的双小句结构。比如"小李打破了杯子"是"小李打杯子"和"杯子破"构成的双小句结构，其中"小李"是主动词主语、"杯子"是结果小句主语，同时也是主动词宾语。"孩子哭醒了妈妈"是"孩子哭"和"妈妈醒"构成的双小句结构，其中"孩子"是主动词主语，"妈妈"是结果小句主语，但它也是主动词的受影响者，也可看成主动词的宾语，与"杯子"相比，我们把它视为主动词的派生宾语。

能进入存在句的动结式，其结果小句一般是由不及物动词构成的。我们先讨论结果小句主语同主动词主语一致的动结式，它们像单个不及物动词，构成的基本句式如"水变红了""孩子长高了""她累瘦了""那只鸽子飞累了""皇帝吊死了""我昏倒了""不少人喝醉了""他们唱红了"等，若把动结式看成一个整体，它们类似于单个不及物动词构成的"S + V"。按刘街生（2008：32 - 34），只有能突显变化过程且解析为内部使因的动结式，其共指成分即 S，才能后移①，且不出现外部致事，把其位置提供给 Loc 成分。比如，"水变红了""孩子长高了"不能突显变化过程，共指 S 不可以移动结式后；"她累瘦了""那只鸽子飞累了"中的"累瘦""飞累"，虽然能突显变化过程，其共指 S 可移动结式后，但它们只能解析为外部使因的②，共指 S 移到动结式后时，其前必出现外部致事，如"这些家务事累瘦了她""几百里路飞累这只鸽子了"，它们也不能构成存在句。只有"皇帝吊死了""我昏倒了""不少人喝醉了""他们唱红了"中的"吊死""昏倒""喝醉""唱红"符合条件，共指 S 移后时，动前位置可提供给 Loc 成分。(刘街生，2008：32-34) 不过它们能不能构成存在句，还要看动结式后的共指 S 与 Loc 成分之间是否突显某种方位关系，只有还符合这一条件的动结式，才能构成存在句。理论上"吊死""昏倒""喝醉""唱红"都可构成存在句，如"这儿吊死了一个人""院子里昏倒了好几个人""这里喝醉了不少人""这个歌厅唱红了两位歌星"。不过，这种结果谓词由非趋向动词充当的动结式，它们构成的存在句在实际使用当中相当少，我们在近一千万字的语料中，除了"动+满"，竟没有发现合适的实例。原因可能在于，这类像不及物动词的动结式着重过程变化，其所引入的共指 S 与 Loc 成分之间的方位关系是附带的。

当结果谓词是趋向动词时，这类动结式，总能突显位移变化过程，且解释为内部使因的，符合共指 S 后移且其前不出现外部致事的条件，除"动+到（……来/去）"和"动+开来/去"之外，这类动结式的共指 S 都能后移且可把位置提供给 Loc 成分。这类动结式能突显位移变化过程，所以共指 S 与 Loc 成分之间一般都能突显

---

① 据董秀芳 (1998)，韵律因素也会影响共指成分的后移，如果结果谓词是双音节的，共指成分就难以后移。这一限制也适用于结果小句主语与主动词宾语一致的动结式。

② 动结式的内部使因或外部使因解析，与共指名词受影响性的外部使因因素是否明确相关。明确且可以突显则可解析为外部使因，不明确或可以不突显外部使因因素则可解析为内部使因。

方位参照关系。此类动结式从类的角度来看,都能构成存在句。如"教室里跑来一群人""眼眶涌上泪水""山洞里追进一个人""天空中升起一轮红日"。在实际使用中,存在句中的动结式大多数都是这类,也有共指 S 后移后居复合趋向动词中间的例子。看下面两个实例:

(7) <u>屋檐上掉下来一只大飞虫</u>,有气无力地扑腾,已经是半死。(韩少功:《报告政府》,载《小说选刊》2005 年第 9 期,第 105 页)

(8) 有时半夜担心这狗,去找它,<u>突然从暗处跑出太平来</u>。(陈应松:《太平狗》,载《中篇小说选刊》2006 年第 1 期,第 21 页)

上面例(7)中"掉下来"可突显位移变化过程且可解释为内部使因的,符合第一个条件,Loc 成分"屋檐上"表示共指 S "一只大飞虫"位移的起点,能突显方位参照关系,符合第二个条件,于是"掉下来"可构成存在句。例(8)情形类似,只不过后移的共指成分居于复合趋向动词中间。

本节所讨论的动结式构成的存在句总是表示出现或消失的。

(二) 结果谓词主语同主动词宾语一致的动结式

结果小句主语与主动词宾语(包括派生宾语)一致的动结式,按刘街生(2008:34-36),如果它们能突显变化过程,则共指成分可移动结式后,它们像单个及物动词,构成的基本句式如"网兜勒红了我的手""你坐皱了我的裙子""小华塞进一件东西""小明赶出了一群鸭子",如果把动结式视为一个整体,它们类似于单动词构成的"A + V + O"。(至于不符合这一条件的,共指成分不能移动结式后,自然也就不能进入存在句了)

如果 A 是施事,动结式构成的"A + V + O"一般总表示过程变化的。只有一些结果谓词是趋向动词的动结式具有"置放"或"创造"义，它们引入的 O，可能与动前 Loc 成分建立起位置关系，"Loc +（被）A + V + O"可表示一种静态结果状态，A 可能被删除，符合构成存在句的二个条件，可以构成存在句。例如"几年前学校由上级分来一位女教师""衣领下被他塞进了一个沙袋"中，Loc 成分"学校""衣领下"是 O"一位女教师""一个沙袋"所处的位置，整个句子于是可以表示静态的结果状态，A 可以删除，构成存在句。类似的例子如"小区里建起商贸大厦""身边事先点起一堆篝火""村里刚拉进电线""粪孩的肚子上深深地插进去一把剪刀"。这类存在句与一般及物动词构成的存在句一样，总是表示存在，不过使用频率很低。

"满"与趋向动词很相似，充当结果谓词构成的动结式，也可能具有"置放"或"创造"义，引入的 O 也可以突显与 Loc 成分的位置关系，"Loc +（被）A + V + O"也可表示一种结果状态，其 A 可删除，构成存在句。如"桌子上她摆满了各种各样的化妆品以及化妆用的工具""水壶被他灌满了水"，可突显"各种各样的化妆品以及化妆用的工具""水"分别与"桌子上""水壶"的位置关系，整个句子可表示静态结果状态，A 可以被删除，构成存在句"桌子上摆满了各种各样的化妆品以及化妆用的工具""水壶灌满了水"。"满"像趋向动词，"动 + 满"构成存在句的表现像"动 + 趋向动词"。结果谓词是非趋向一元谓词的动结式，实际语料中进入存在句最多的便是这个"动 + 满"。

其他类 A 是施事的动结式，不能同时满足进入存在句的两个条件，一般不能进入存在句。极少数的例外是当 A 是某些非典型施事时，少数动结式，类似 A 是非施事的动结式，也构成存在句。例如：

（9）女人简直不敢相信，这一回，<u>洗脸盆里真的淹死了人</u>。（周独明：《积压的爱》，载《短篇小说》2001 年第 10 期，

第 69 页）

（10）那时灶房烧坏了两只铁壶，翁史美就到铁器铺打铁壶。（迟子建：《零作坊》，载《小说月报》2003 年第 8 期，第 12 页）

例（9）中动结式的 A 应是水，例（10）中 A 应是火，皆是不太典型的施事。这类动结式，极少数也能进入存在句，不过实例非常少。在近千万字的语料中，只发现上面两例。另外"几个月没下雨，这里旱死了不少庄稼"这种说法也是可接受的，这里"旱死"前的使因成分是事件"几个月没下雨"，以分句形式出现，也可看成一种非典型的施事。

如果 A 是非施事，A 可以删除，如果动结式引入的 O 与动结式前的 Loc 成分具有某种方位关系，它们也可构成存在句。例如：

（11）万海颜面上露出些欣慰之色。（甘铁生：《鸽仙》，载《小说选刊》2009 年第 7 期，第 27 页）

（12）说着，随着被子中间拱起一个大包，高山就翻到新媳妇身上去了。（刘庆邦：《摸鱼儿》，载《收获》2004 年第 6 期，第 58 页）

这类动结式的主动词往往是能够进入存在句的非施事及物动词，结果谓词一般是趋向动词。

总的来说，结果小句主语与主动词宾语一致的动结式，进入存在句的，从使用频率上来说，都极低，而且结果谓词还是以趋向动词居多。

（三）其他类动结式

结果谓词为二元谓词的动结式，也像单个及物动词，其构成的句子，基本形式也是"徐承宗赌输了钱""我听懂了你的话""他

"藏有不少古董"这种类型,如果把动结式看成一个整体,它们也类似单动词构成的"A+V+O"。这类动结式,其 A 一般是非施事,结果谓词有两类,一类是表示心理状态的动词,如"忘""会""懂""明白""清楚""(习)惯""(厌)烦""腻""够""怕""熟",此时动结式的 A 是经验者,不能被删除,所以不能进入存在句。另一类是"输""赢""赔""嫌""亏""有""剩""剩下"等表示非心理状态的状态动词,此时 A 虽不是经验者,但整个动结式引入的 O,却难以与 Loc 成分突显方位参照关系,也难以构成存在句。例外是"动+有",可以进入存在句,且实例不少,可参看孙宏林(1996),另举两例:

(13)他从旁边一个提公文包的军官手里接过一个大信封,<u>上面印有两个中国字:"请柬"</u>。(严歌苓:《金陵十三钗》,载《中篇小说选刊》2006 年第 1 期,第 117 页)

(14)<u>台下坐有家长、学生,以及校方请来的嘉宾</u>。(康梦:《彷徨》,载《收获》2006 年第 1 期,第 145 页)

上面例(13)中"印有",它引入的 O 与 Loc 成分能突显方位参照关系,O 处于 Loc 位置,因整个句子是表示结果状态的,所以 A 可以去掉,"印有"可构成存在句。类似的有"摆有""带有""附有""藏有"等。例(14)中的"坐有"则是比较特殊的例子,动结式的主动词是不及物动词,这一类"动+有"只能出现在存在句中。另外"桌上吃剩下了不少东西"似也可以说,但我们在北大语料库中没找到类似的实例。

结果谓词说明主动词的动结式,如果结果谓词不语法化,如"吃早了""来晚了"之类,其后不能出现名词性成分,不能构成存在句。结果谓词语法化程度不高且源于主主一致式或主宾一致式的,如"响起""显出""摆出"等,它们构成存在句的情况,依然可从原构成方式说明。结果谓词语法化程度比较高时,则整个动结式完完全全像单个动词。能进入存在句的这类动结式，其主动词一般都是能单独进入存在句的动词。如"监狱里逃掉了好几个犯人""老婆婆的摊位摆上了新鲜蔬菜""桌子上留下了一张字条"中的"逃掉""摆上""留下"。实际语料中，除了"动+上""动+下"，其他动结式很是少见。原因可能在于，表示存在的句子着意在状态，一般少用动结式。而表示出现或消失的句子中，句式义已把这类补语的意思表达出来了，这类动结式与相应的单动词构成的存在句几乎很少有语义上的区别，比如把上例中"逃掉""摆上""留下"换成"逃""摆""留"，句子的意思几乎没变。另外，动介式后一定是 Loc 成分，所以动介式不能构成存在句。

总而言之，进入存在句的动结式，其限制跟单个动词进入存在句受到的限制是一样的。

三、结语

动词所引入的 O/S 与 Loc 成分之间突显方位参照关系、不及物动词的 S 可居 O 位置或及物动词的 A 可以去掉，把动前位置提供给 Loc 成分，这两个因素决定了存在句动词的限制。

决定存在句动词构成的两个因素，最根本的还是第一个因素，第二个因素很大程度上是第一个因素在汉语基本句子构造的基础上促成的。我们从施事 A 删除说起，Pan（1996）认为，存在句中 A 的消失，是因为"着"字删除规则在起作用，即"着"附在及物动词后，使得 A 删除。这一处理，显然过严，因为存在句存在带"了"或不能带"着"的情况。袁毓林（2004）则认为这里的 A 消失是一种广义被动化的结果，A 降级后被删略掉。这一处理，有相当的合理性，形式上 Loc 成分比较少带介词，甚至 A 也可以直接用"被"字引出也是证明。不过更合理的处理，我们认为 A 的删除就是 Loc 成分与 O/S 之间突显方位参照关系所导致的。试对比：

(15) 包里塞了十本书。

包里他塞了十本书。
包里被他塞了十本书。

　　三个句子都可以表示结果状态。表示结果状态时，第一句因为没有 A，只能表示某处存在某物，是存在句。而后两句，除了表示存在以外，还可以表示是"他"造成了这种存在。由此我们认为 A 删除是一种语用删除。崔璨、袁毓林（2020）的研究也证实了这一点，他们发现，A 在篇章中一般不明确，在叙事上与主要事件不相关。当然，这种语用删除已经语法化了。存在句中，A 一定不出现，就是 Loc 成分与 O 之间只突显方位参照关系这一因素制约的结果。崔璨、袁毓林（2020）认为，A 的删除体现了存在句作格性的观察视角。我们认为，"作格视角"其实是凸显方位参照关系的结果呈现而已。A 不管是否由"被"类介词引出，都可以删除，不一定是被动删除。至于 S 要后移 O 位置，也与 S 和 Loc 成分之间突显方位参照关系相关。汉语中"Loc + S + V"类句子，是表达特定时空背景下某人或某物（S）的动作或状态的（Jaxontov，1988/1983：115），不能突显 S 与 Loc 成分之间的方位参照关系。S 必须移后，把位置提供给 Loc 成分，这样才能突显 S 与 Loc 成分之间的方位参照关系。正因为如此，我们认为第一个因素是更基本的，是表达因素，后一因素是第一个因素在汉语基本句子结构的基础上促成的，是结构因素。整体来看，存在句是一种结合了表达和结构的特定构式。

第五章　存在句和作格性

存在句的基本结构可描述为"Loc + V + O/S"，S 与 O 归为同一范畴，皆居动后。同时 O/S 倾向表达新信息，以一种特殊的方式体现"优先论元结构"（preferred argument structure）效应，这个"优先论元结构"是从话语角度解释作格性的促成动因的。由此看来，存在句与作格性有关系，这一点学者们几乎都有共识，但这个关系究竟是怎样的，学者们的意见却相当不一致。

第二章已提到一些学者，如顾阳（1997）、韩景泉（2001）、唐玉柱（2005）、隋娜和王广成（2009）、董成如（2011）、田艳艳（2015）、王永利和韩景泉（2015）等，认为存在句的动词皆具作格性/非宾格性。顾阳（1997：15）认为，出现在存在句的动词所带唯一的论元名词组是非施事的客体，所以具有非宾格性。唐玉柱（2005）以出现方位短语为理由，说明所有的动词具非宾格性。存在句中的动词以非宾格动词为典型，英语中一些非作格动词出现在存在句中，必须同时出现方位短语。荷兰语中出现方位短语后，一些非作格动词进入存在句当中构成完成态时必须使用跟非宾格动词一样的助词。据此，他认为有了方位短语，非作格动词转变成了非宾格动词。汉语中的存在句前面都有方位短语，因此其中的动词都具有非宾格性。隋娜、王广成（2009）引入事件谓词说明存在句动词的非宾格性，他们认为存在句是对一个事件或状态的整体描述，代表的是以客体为中心的事件，存在句中反映其事件类型的事件谓词是抽象动词/轻动词"occur"，凡进入存在句的动词，其事件结构都由这个"occur"决定，因此即便是"游""飞""爬"这类表示位移方式的动词或"写""刻""绣"这类及物动词，它们进入存在句都表现为非宾格动词。董成如（2011）、田艳艳（2015）从句式压制的角度来说明存现句动词的非宾格性。认为存在句表示某处存在、隐现某实体，其论元为处所和客体，在论元结构和语义上都是非宾格构式。存在句删除施事 A，抑制非作格动词的施事。这样，存在句中的及物动词和非作格动词在论元结构和语义上都被整个构式非宾格化了。王永利、韩景泉（2015）以轻动词携带的语义特征说明存现句动词的非宾格性。他们认为存在句表示存在、出现或消失，述语中所带的轻动词为 be 或 become，它们带有"非促发 [-INI]"特征，即不需投射外论元的特征，这一特征是非宾格述语的核心特征，所有存在句述语都带有含"非促发 [-INI]"这一特征的轻动词，因此存在句动词具有非宾格性。

杨素英（1999）、赵彦春（2002）、吕云生（2005）、张达球（2006）、马乐东（2007）、杨大然（2012/2011）等，不认为汉语存现句中的动词全为非宾格动词。原因一是存在句中出现的"游""飞""爬"等，是非作格动词，二是存现句也可以出现及物动词"写""刻""绣"等，非作格动词和及物动词自然不是非宾格动词，自然与作格性不相关。

有关存在句中的动词分布，我们在第四章已讨论得非常详细，事实已经很清楚。如何认识存在句与作格性的关系，剩下的只是理论阐释问题。这与三个问题相关：第一，如何理解作格性，这与学者所持的作格观相关。第二，作格性整体如何在汉语中呈现。第三，在弄清楚作格性、汉语中作格性整体如何呈现之后，再来看存在句与作格性的关系究竟如何。我们先从第一个问题入手。

一、作格性、宾格性及不同的作格观

（一）作格性与宾格性

所谓作格性，是指一些语言以形态或句法标明不及物动词的唯一论元 S 与及物动词的宾语论元 O 归为同一范畴，而与及物动词的主语论元 A 区别开来。而宾格性是指一些语言以形态或句法标明 S、A 归为同一范畴，而与 O 区别开来（Dixon，1979；1994：1）。

关于作格性和宾格性，最简单的解释是，基本小句中 A 和 O 要区分，至于 S 是动词唯一的论元，所以与 A 或 O 一致都行，S 与 O 形态一致便体现作格性，S 与 A 形态一致便体现宾格性。但这不能解释有些语言中一些 S 与 A 同形态，一些 S 与 O 同形态。进一步的解释是，A 的标志描述 NP 的 A 性功能，A 往往可以发动或控制动作，S 与 A 形态一致，标明了 S 的 A 性功能；O 的标志描述 NP 的 O 性功能，O 往往是最受动作影响的角色，S 与 O 形态一致，标明了 S 的 O 性功能［关于 S 的 O 性功能参看 Keenan（1984）］。语义或认知角度的解释则认为作格性、宾格性与编码事件的角度相关。作格性是受事定位的，从 O 的角度或视点编码事件，S 呈现其 O 性功能。宾格性是施事定位的，从 A 的角度或视点编码事件，S 呈现其 A 性功能（DeLancey，1981；Halliday，1985：144 - 54；兰艾克，2016：203 - 217）。比如，Halliday（1985：144 - 54）认为，S、O 是过程得以发生的媒介（心理过程除外，心理过程其感知者 A 才为媒介），从作格性角度看小句，关注的是由媒介参与的过程，是内部发动的还是外部发动的，强调的是过程的"使因—效应"方面。按 Langacker（2004/1991：282 - 293，378 - 386）的术语，作格性的概念基础是事件概念的自立/依存分层结构。自立层是最内部的层，在最简单的情况下，由动作和充当 O 或 S 的参与者构成，是事件概念的自主核心。依存层则是使因或能量的输入，最简单的情况，是充当 A 的参与者。而从宾格性角度看小句，关注的是 A、S 实施的过程是否延及另一实体 O，强调的是过程的"实施—延及"方面（Halliday，1985：144 - 154）。按 Langacker（2004/1991：282 - 293，378 - 386）的术语，宾格性的概念基础是经典事件模式，典型事件概念可以动作链来说明，是参与者和它们之间能量的相互作用，典型事件中充当 A、S 的参与者是能量流的起点，充当 O 的参与者是能量流的终点。话语角度的解释则认为 A、S 话题性强，此一因素促动 A、S 归为同一范畴（Givón，2001：203；Du Bois，1987），新信息倾向于分布在 S 和 O 上，此一因素促动 S、O 与 A 区分开来归入同一范畴（Du Bois，1987）。更详细的介绍参看刘街生（2013a）。

作格性的语义、认知和话语解释，也对分裂作格性做出说明。分裂作格性主要有两种情况。一类分裂作格性，主要基于 NP 的语义性质，在"第一人称代词＞第二人称代词＞指示代词/第三人称代词＞专有名词＞指人普通名词＞有生普通名词＞无生普通名词"（转引自 Dixon，1994：84；改编自 Silverstein，1976）这个"Silverstein 层级"中，"作格"标志适于这个层级右边起的 NP 至层级中间的 NP 充当 A 时，"宾格"标志适于层级中间的 NP 至最左边的 NP 充当 O 时。原因是这个层级最左边的第一、第二人称是指示中心，最易为视点所在，它们充当 A 时，难以实现 O 视点，所以总是宾格形态。从话语角度看，第一、第二人称更易为话语主题，因此最容易以同样的方式实现为 A、S，非人特别是非有生 NP 不太可能是主题角色，易是新角色，这就说明"Silverstein 层级"右边的 NP 充当的 S、O 易语法上一致。另一类分裂作格性，主要基于时/体/情态，一般是过去时/完成体/现实态体现作格形态，而非过去时/未完成体/非现实态体现宾格形态。原因是过去时/完成体/现实态才实际可能影响到 O，才容易实现 O 视点，而将来的活动和未完成或正在进行的活动主要与 A 相关联，尚未发生的活动也可理解为 A 的一种潜能（Mallinson and Blake，1981：106），不易实现 O 视点。因此形态分裂时，过去时/完成体/现实态体现作格形态，而非过去时/未完成体/非现实态体现宾格形态。

对作格性、宾格性及分裂作格性的解释，让我们更好地理解它们的本质是什么。

（二）不同的作格观

20 世纪七八十年代，作格语言被广泛讨论。类型学的作格观仅涉及作格语言，即以形态标明作格性的语言。以形态标记的作格性被称为形态作格性，作格语言中一些句法过程，S 与 O 表现一致，而与 A 不同，这被称为句法作格性。类型学的作格观只把形态作格性和句法作格性视为语言的作格特征。Perlmutter（1978）著名的非宾格假设（Unaccusative Hypothesis），则使研究者关注宾格语言中体现出来的某些情况下 S、O 句法上归为同一范畴的特点，甚至使得这方面的研究比对作格语言的研究更具吸引力。一般认为没有纯粹的作格语言，作格语言总在某些方面，比如在句法，甚至部分的形态上体现出宾格性。所以宾格语言中的 S 与 O 归为同一范畴的现象也可视为一种作格性，人们称之为词汇作格性或非宾格性。很多学者认为几乎每一种语言都是两种模式的混合体。这一作格观，我们称之为功能派的作格观，词汇作格性也被视为语言的作格特征。这相对于类型学的作格观有所扩展。本研究便持这种立场，认为语言中语法意义的范畴或模式，可以是表现型的，即以显性标记标明，也可以是隐蔽型的，即以隐性句法关联来显示。汉语虽形态呈中性，但也可归为宾格语言，及物动词构成的基本小句形式为"A + V + O"，不及物动词构成的基本小句形式为"S + V"，基本小句的句法组织标明了 A、S 都在动词前，形式上归为同一范畴。不过，汉语中也有一些现象 S、O 归为同一范畴，呈现作格性特征。生成语法在非宾格假设的基础上，进行了进一步扩展，非宾格假设认为非宾格动词的唯一论元 S 是深层宾语，生成语法把及物动词的施事 A 受到抑制或降级、只剩下一个宾语论元 O 时，也视为体现了作格性特征。这是一种更广义的作格观，我们视之为生成派的作格观。本书不持这一立场，理由将在下文中详述。

二、作格性的核心特点和汉语相关现象

（一）作格性的核心特点

解决了第一个问题后，我们再来讨论第二个问题，这又分两步

走。首先，我们先看看汉语中哪些现象与作格性相关。有关汉语词汇作格性或非宾格性的研究，吕叔湘（1987）在类型学的作格观下说明汉语没有作格形态，不是作格语言时，也提到了汉语中的一些现象——S与O接近。此后，相关研究多了起来。关于汉语的作格性现象涉及的语言事实，主要有以下几方面：①"信写了"这类受事主语句（吕叔湘，1987）。②"他被偷了一个钱包"这类被动句（徐杰，1999；潘海华、韩景泉，2005）。③"这种文章很好读"这类中动句（赵彦春，2002；马乐东，2007：81-83）。④"中国队大败南朝鲜队—南朝鲜队败"这类使动句和不及物句的交替现象（吕叔湘，1987；Zhou，1990；Cheng and Huang，1994：191；顾阳，1996；杨素英，1999）。⑤"王冕死了父亲"这类领主属宾句（Zhou，1990；顾阳，1996；杨素英，1999）。⑥"出太阳了""床上躺着一个人"这类存现句（Zhou，1990；顾阳，1997；杨素英，1999；韩景泉，2001；唐玉柱，2005）。

上述事实，都体现了汉语的作格性特征吗？我们知道，不论是类型学的作格观，还是非宾格假设，作格性或非宾格性的核心特征都是不及物动词的S与及物动词的O体现出一致性。在汉语中这一特征的显性体现就是S后移居于O位置，形式上与O归为同一范畴。S移居O位置时，一种情况是动前添加话题性成分，此时句子仍是不及物句。另一种情况是，动前添加类似于A的外部使因成分，整个句子是及物句，形式上是"A+V+O"。不过这一及物句，其变换形式"O+V"等同于"S+V"，V变成是不及物的，O等同于S，简单地说，这里形式上存在O等同于S的及物、不及物变换。所以汉语中判定某些事实是否体现作格性特征，便是根据：第一，是否是S居O位置的不及物句；第二，是否有O等同于S的及物、不及物变换。

（二）三类现象与作格性不相关

根据上述标准，受事主语句、被动句、中动句与作格性不相关。受事主语句如"信写了""那所房子卖了"，O 后边可以补出 A，如"信我写了""那所房子我卖了"。这表明受事主语句的动词仍是及物动词，"信写了""那所房子卖了"与相应及物句不存在 O 等同于 S 的及物、不及物变换，受事主语句与作格性不相关。

被动句被认为与作格性相关，是源于 Burzio（1981，1986）把非宾格假设纳入 GB（管辖和约束）理论时，做了延伸，因被动形式施事被抑制，不能充当主语，动词只剩下一个深层宾语论元，因此被他纳入非宾格现象。"他被偷了一个钱包"之类的间接被动句，深层宾语论元还留在表层宾语的位置，因此被视为显性非宾格现象（潘海华、韩景泉，2005；梅德明、韩巍峰，2010）。间接被动句之所以被纳入非宾格性现象，还与徐杰（1999）相关。徐杰观察到，如果把"被偷"当成一个动词的话，间接被动句与"王冕死了父亲"这类我们后面视为体现作格性特征的领主属宾句，具有很多的相似性。很明显，把被动句视为与作格性相关，是持有最广义的作格观。我们不持这一立场，原因在于：第一，被动句是宾格语言的典型特征。第二，被动句的动词是及物动词，A 能以介词词组引出，因此不存在 O 等同 S 的及物、不及物变换。第三，间接被动句与领主属宾句有很大的不同，其动后的 O 并不等同于 S，因此不一定都能移到动词前，如"窗纸上被人抠了一个小洞"中，动后的"一个小洞"不能移到动词前，不能说"（那）一个小洞被人抠了"，而领主属宾句是不及物句，其 S 一定能移到动词前。

"这种文章很好读"这类中动句，语义上隐含 A，其中的状语就提示这一隐含 A 的存在（熊学亮、付岩，2013：7），有 A 意味着句中的动词仍为及物动词，中动句出现的名词性成分 O 不等同于不及物句的唯一论元 S。形式上，单独的"O + V"不能成为中动句，它必须依赖特定的附加成分支持（杨永忠，2011；杨大然，2011：149 – 152），而汉语中"S + V"都能完整成句。所以中动句也不存在 O 等同 S 的及物、不及物变换，与作格性不相关。

（三）三类现象与作格性相关

根据前述标准，①②③类事实与作格性不相关，而④⑤⑥类事实则与作格性相关。不过，其中有许多问题需厘清。

吕叔湘（1987）以"中国队大败南朝鲜队—南朝鲜队败"为例，展示了汉语中使动句与不及物句的交替现象。"中国队大败南朝鲜队"这类使动句，是经典意义上的词汇型使动句，可以看成是相应的不及物句"南朝鲜队败"通过添加零形式的使动动词派生而来。它们的致事 A，就是由这个零形式的使动动词引出的，不是由原来的动词直接引出的，与原来的动词没有直接联系。所以当使动句变换为"O+V"时，这个 A 就完全消失了，"O+V"中的 V 完全是不及物的，O 成为动词的唯一论元，这些使动句一般没有"A+V""O+A+V""A+O+V""O+被+A+V"这种 A 出现的变换是其证明。总之，"中国队大败南朝鲜队—南朝鲜队败"这类词汇型使动句与不及物句的交替，实际就是 O 等同于 S 的及物、不及物变换，符合作格性的核心特点，所以人们把它们与作格性联系起来。这也从另一个角度说明了①②③类现象与作格性不相关。受事主语句中，A 存在。被动句中，被动动词被抑制的 A 可出现在附加语位置，句中也可看到 A 的影响，比如允许带有施事意愿或行动方式的修饰语、目的短语等。"这种文章好读"这类句子，虽然 A 不能以显性形式出现，但从句子状语当中也可看到它的影响（顾阳，1996）。因为有 A，所以受事主语句、被动句、中动句与相应的及物句不存在 O 等同 S 的及物、不及物变换。

汉语中经典意义上的词汇型使动句还有一种双重使动句。包括三类句子：一是"这碗面吃了我一身汗"这类单动词句，二是"这场比赛看得观众们兴高采烈"这类带"得"动补式句，三是"这些酒喝醉了我"这类动结式句。它们是相应的"我吃了一身汗""观众们看得兴高采烈""我喝醉了"中的主动词使动化构成的。由于"吃"和"一身汗"、"看"和"兴高采烈"、"喝"和

"醉"之间有因果关系,再加之主动词的使动化,这类句子含双重使动含义,故被称为双重使动句。双重使动句的主动词除少数表示生理、心理活动的"累""急""愁"等外,都是不能单独使动化的施事动词。它们不能单独使动化的原因是经典词汇型使动句必须有词汇形式表达的结果事件,而这些动词本身难以表达使动化之后的结果事件。但在"我吃了一身汗""观众们看得兴高采烈""我喝醉了"这类句子中,主动词后有补语,而且因为这些补语语义上指向主动词的施事,补语事件和主动词事件之间有因果关系,它们能够表示主动词的施事后移、主动词使动化之后的结果事件,这促成其前的主动词可以使动化(刘街生,2018)。由于汉语中词汇型使动句构成的不及物限制,"我吃了一身汗""我喝醉了""观众们看得兴高采烈"中的主动词后不能出现常规宾语,只能是不及物动词或及物动词的不及物用法,这样它们与相应的双重使动句之间的变换实际上就是 O 等同 S 的及物、不及物变换,体现了作格性特征。

在讨论与作格性相关的使动句和不及物句的交替现象时,单动词双重使动句基本被忽略了。带"得"动补式双重使动句前人则已有提及,如 Cheng 和 Huang(1994:191)、顾阳(1996)认为,"那场接力赛跑得孩子们上气不接下气——孩子们跑得上气不接下气""那趟车等得一家人心急火燎——一家人等得心急火燎"这类变换属于使动句和不及物句的交替。对于动结式句而言,只有动结式双重使动句是经典词汇型使动句,才有 O 等同 S 的及物、不及物变换,体现作格性特征,这一点则存在许多误解。不少学者(Zhou,1990;牛保义,2005;赵霞,2006;张达球,2006;倪蓉,2009;王文斌等,2009;杨大然,2011)把"窗子打破了""杯子敲碎了"这类句子视为"李四打破了窗子""王五敲碎了杯子"之类的句子的相应不及物句。他们这样处理的原因可能在于,"李四打破了窗子""王五敲碎了杯子"这类句子也含有使动义,因此"李四打破了窗子——窗子打破了"就自然而然地处理成了使动句和不及物句的交替。其实"李四打破了窗子""王五敲碎了杯子"这类句子并不是经典意义上的词汇型使动句，它们是汉语中以类型学上的连动式表达的使动句，它们的原因事件和结果事件都是词汇形式编码的，而类型学上的经典使动式，其原因事件一般是以语法化的形式表达的。"李四打破了窗子""王五敲碎了杯子"这些句子所表达的使动义，也存在于"窗子打破了""杯子敲碎了"当中。"李四""王五"分别是"打""敲"的施事，是"打破""敲碎"直接引出的，"打破""敲碎"相当于一般及物动词。形式上"窗子打破了""杯子敲碎了"中是可以补出 A 的，比如"窗子被李四打破了""杯子被王五敲碎了"，所以"窗子打破了""杯子敲碎了"其实与"信写了"之类的受事主语句结构是一样的。"他打破了窗子—窗子打破了"不是 O 等同 S 的及物、不及物交替，它们与作格性不相关。

总之，汉语中只有经典词汇型单动词使动句和双重使动句与相应的不及物句，才存在 O 等同 S 的及物、不及物变换，才是与作格性相关的现象。这类变换中，由于"O + V"等同"S + V"，与一般不及物句的形式是一样的，因此可以进一步说，只有词汇型使动句才以显性形式体现了作格性特征。

"王冕死了父亲"这类领主属宾语句，"台上坐着主席团""村里死了一个人"这类存在句，其中的动词为不及物动词，其唯一的论元 S，形式上居 O 位置，已标明它具有 O 的特征，与 O 归为同一范畴，以显性形式体现了作格性特征，刘街生（2010）把这两类句子合称为表层非宾格句。表层非宾格句，毫无疑议与作格性相关。

要做一下说明的是，"我们班离了好几对了""我们组休息了好几个"这类刘探宙（2009）、孙天琦和潘海华（2012）所谓非作格动词构成的领主属宾句，"树上飞着几只蜜蜂""水里游着几条鱼"这类由所谓非作格动词构成的存在句，与其他由不及物动词构成的领主属宾句、存在句一样，体现显性作格性特征。形式上，它们也是 S 居 O 位置，与 O 归为同一范畴。语义上，居 O 位置的 S，不展现有意性等施事特征，整个结构表示的是一种结果状态，符合受事定位的特征。语用上，动后的 S 总是传达新信息的，符合 Du Bois（1987）对作格性的话语解释。整体上，这样的处理符合非宾格性处理的构式观。

"墙上挂着画"之类由及物动词构成的存在句，其中的 A 删除，句中只剩下 O，按照生成语法的作格观，体现了作格性特征。然而严格依据我们的标准，这里还称不上与作格性相关。因为"墙上挂着画"这类句子中的动词未完全变成不及物动词。形式上的表现是，其 O 提到动词前，有的"O + V"并不能完整成句，比如与"黑板上写着字"对应的"字写着"不能说，"字写了"的结构与"信写了"类似，一定有 A 存在。这背后更深层的原因是构成存在句的及物动词是准三元谓词，A 删除后，还有 O 与处所成分两个论元，与不及物动词仍不等同。这表明及物动词构成的存在句，严格按我们的标准应不是与作格性相关的现象。可参看杨素英（1999）、杨大然（2011）。

上面的讨论似乎已经对存在句与作格性关系问题给出了答案，但为什么这样处理？这需要我们弄清楚汉语中的作格现象是如何呈现作格性特征的，这是我们解决第二个问题的第二步。

三、汉语中作格性现象的呈现

（一）作格范式及其与及物范式的对立

汉语中以显性形式体现了作格性特征的现象只有两类，一类是经典意义的词汇型使动句，一类是表层非宾格句。这两类现象中的动词，很难界定为都是非宾格动词，"小班的孩子哭了两个""水里游着几条鱼"中的动词被认为是所谓的非作格动词，双重使动句"这碗面吃了我一身汗""这些酒喝醉了几个人""这本书看得我兴高采烈"中的施事动词"吃""喝""看"，虽然是不及物用法，但更谈不上是非宾格动词。而汉语中界定非宾格动词，只有这两种诊断格式,这样汉语中非宾格动词有哪些,难以依托句法表现做出很好的界定。基于此,我们说汉语中作格性与宾格性一样,主要体现在基本小句的句法组织格局上。

汉语中的词汇型单动词使动句,其基本形式可描述为"A+V+O",表层非宾格句的基本形式可描述为"V+S",这两类句子作为O、S归为同一范畴的基本小句,构成小句句法组织的作格范式(Davidse,1991,1992),体现作格性特征。而"小李吃苹果"这类"A+V+O"形式的一般及物句,以及物动作动词句最为典型,"小李工作"这类"S+V"形式的不及物句,以不及动作动词句为典型代表,它们作为A、S归为同一范畴的基本小句,构成小句句法组织的及物范式(Davidse,1991,1992),体现宾格性特征。一般认为汉语是宾格语言,所以及物范式是小句句法组织的默认格局,所有的不及物动词都可以构成"S+V"句,作格范式使动句的相应不及物句形式上也是"S+V"。相对而言,作格范式是一个弱范式。但不管怎样,两种范式呈现鲜明的对立。

形式上,作格范式的不及物句,S居O位置。作格范式的使动句,有不隐含A的"O+V"变换,如"中国队大败南朝鲜队—南朝鲜队大败"中的"南朝鲜队大败",一般没有"A+V"变换,如"中国队大败南朝鲜队"不能变换成"中国队大败",一般也没有"O+A+V""A+O+V""O+被+(A)+V"这种有A的变换,不能说"南朝鲜队中国队大败""中国队南朝鲜队大败"或"南朝鲜队被中国队大败"。与作格范式句相反,及物范式的典型不及物句(不及物动作动词句),S居A位置,一般不能后移。及物范式的典型及物句(及物动作动词句),"O+V"变换中A虽不以有形形式出现,但语义上总存在,如"小李吃苹果—苹果吃了"中的"苹果吃了",一般都有"A+V"变换,如"小李吃",一般都有"O+A+V""A+O+V""O+被+(A)+V"这种有A的变换,如"苹果小李吃了""小李苹果吃了""苹果被(小李)吃了"等(这些变换的句式可看成相应范式的非基本句式)。

语义上，作格范式句，S、O 与 V 构成的过程具有自立性，语义上是完足的，如"中国队大败南朝鲜队""王冕死了父亲"中的"南朝鲜队+败""父亲+死"，只不过使动句指明了过程的发动者"中国队"，而表层非宾格句没有指明。这非常符合 Halliday（1985：144 - 154）、Langacker（2004/1991：378 - 398）对作格性的语义解释。典型及物范式句重在 A、S 实施动作，如"小李吃""小李工作"，只不过"小李吃"延及另一实体"苹果"，"小李工作"则没有延及另一实体，这非常符合 Halliday（1985：144 - 154）对宾格性的解释。从 Croft（1998）简单言语事件概念化的理想化认知模式来看，两种范式的深层语义对立更清楚。Croft（1998：48）对简单言语事件概念化的理想化认知模式的描述详见图 5 - 1。（我们加上了节点上的参与者 x、y）

```
力动态关系        变化              状态
x···········y  = = = = = = = =（y）——————（y）
```

图 5 - 1　简单言语事件概念化的理想化认知模式

从这个理想化认知模式来看，作格范式的词汇型使动句和表层非宾格句，都是以这个理想化认知模式的全部内容为基体，侧显变化和状态即结果状态部分，它们内部的差异在于使动句中有背景化的力动态关系部分，而表层非宾格句中这部分完全没有侧显。作格范式句侧显结果状态解释了构成作格范式句的动词限制。一般只有本身能表达结果状态的动词，才能构成词汇型单动词使动句和表层非宾格句（刘街生，2009，2013b）。作格范式句侧显结果状态，形式上，如果带体标记，一般是完成体标记，如"这些措施丰富了我们的业余生活""王冕死了父亲"，即便存在句可以带"着"，这个"着"也是表示结果状态延续的"着"，往往可换成"了"，如"黑板上写着/了几个字"。作格范式句侧显结果状态，所以其变换中 O 是不可少的成分。与此相对，及物范式典型及物句，侧显力动态关系，其结果状态则是背景化了的。及物范式的典型不及物句，侧显力动态关系，结果状态则没有侧显。典型及物范式句的共性是侧显力动态关系，所以它们主要由动作动词构成，而且及物句的变换总含 A，A 是不可少的成分。上述对比清楚地揭示了作格范式句是受事定位的，从 O 角度编码事件；而典型及物范式句是施事定位的，从 A 角度编码事件。这符合前人对作格性、宾格性的解释。

（二）范式对立视角下相关事实的检视

从范式对立的角度看，被动、中动是与及物范式及物句相关的两种句式。按兰艾克（2016：242），被动句和中动句是作格范式及物句的两种变换形式，其共性在于均唤起了一个力动态过程，但选择了受事作为主语，其差异在于，被动句指向整个施受互动过程，呈现一种有别于及物范式及物句默认施事定位的情况。中动句则呈现一种既有别于一般及物范式及物句，又有别于"南朝鲜队败（中国队大败南朝鲜队）"这类与作格范式基本小句有变换关系的不及物句的情况。中动句相对于及物范式及物句，施动性削弱了；相对于"南朝鲜队败"这类不及物句，施事性增强了。这让我们进一步理解，为什么被动句、中动句与作格性无关，但中动句的确与"南朝鲜队败"这类不及物句有更多的相似性。也许因为这种相似性，赵彦春（2002：65）、马乐东（2007：81-83）、张小红（2011：160）视中动句为一种非典型的作格句。

从范式对立的角度来看，汉语中"他光着上身""他哭红了眼睛"这类反身宾语句是介于及物范式及物句与作格范式使动句之间的一种句式（刘街生，2009）。反身宾语句表示人物动作返回自身的某个部位，宾语所指是主语所指的身体部位，两者有不可让渡的关系。反身宾语句具有作格范式使动句的特征，宾语参与的过程具有自立性，句子有使动、不及物变换，如"他光着上身—上身光着""他哭红了眼睛—眼睛哭红了"，没有被动变换。反身宾语句也具有及物范式及物句的特点，其主语具有施事性，其可有意实施动词所表示的过程，只不过与及物范式及物句相比，其所延及的目标是其自身的构成部分。夏晓蓉（2001）、崔婷（2015）把"哭红""哭湿"类动结式视为非宾格动词，"哭红""哭湿"都是由两个不及物动词构成且补动词主语是主动词影响对象的动结式，但它们实际上还可分成两类。"她哭红了眼睛""她喊哑了嗓子"是反身宾语句，有作格范式使动句的特征，所以"哭红"类被视为非宾格动词，勉强说得过去，因为它们有类似的使动、不及物变换。"他哭湿了枕头""孟姜女哭倒了长城"是另一类，这一类的结构与"他打破了窗子"应是一样的，它们是可以构成被动句的，如"那一家里必会有一半个枕头被哭湿了的"（北大语料库）、"长城被孟姜女哭倒了"，所以"枕头哭湿了""长城都哭倒了"与"窗子打破了"一样，其实也含有 A，"哭湿""哭倒"不是非宾格动词。"他哭湿了手帕"与"他死了父亲"这类领主属宾语句也不是同类句式。

从范式对立的角度来看，存在句体现了两种范式的中和。存在句的句法结构可描述为"Loc + V + S/O"，相对于及物范式的及物句而言，它是 A 删除，动前由 Loc 占据而成；相对于作格范式的使动句而言，它是 S 后移居 O 位置时，动前没有出现致事，动前由 Loc 成分占据而成。所以"Loc + V + O"与"Loc + V + S"是有差异的，"Loc + V + O"不是表层非宾格句。至此，实际上我们已经回答了第三个问题，即存在句与作格性关系究竟如何。结论是只有不及物动词构成的"Loc + V + S"体现了作格性特征。

存在句体现了两种范式的中和，这种中和使"Loc + V + O"与"Loc + V + S"有很多相似性，我们给了它们同一个名称即体现了这一点。因为"Loc + V + S"体现作格性特征，再加之，"Loc + V + O"中 A 删除只剩一个 O，完全符合生成语法的作格观。这就促成很多学者（如顾阳，1997；韩景泉，2001；唐玉柱，2005；隋娜、王广成，2009；董成如，2011；田艳艳，2015；王永利、韩景泉，2015）主张"Loc + V + O"也体现作格性。正因为存在句体现了两种范式的中和,以及学者所持的作格观的不同,造成了大家对存在句与作格性关系认识的争论。

四、结语

作格性或非宾格性的核心特征都是不及物动词的 S 与及物动词的 O 体现出一致性。在汉语中这一特征的显性体现就是 S 后移居于 O 位置,形式上与 O 归为同一范畴。汉语中判定某些事实是否体现作格性特征便是根据:第一,是否是 S 居 O 位置的不及物句?第二,是否有 O 等同于 S 的及物、不及物变换?

汉语中以显性形式体现了作格性特征的现象只有两类,一类是经典意义的词汇型使动句,一类是表层非宾格句。其中的动词,很难界定为都是非宾格动词。"小班的孩子哭了两个""水里游着几条鱼"中的动词被认为是所谓的非作格动词。双重使动句"这碗面吃了我一身汗""这些酒喝醉了几个人""这本书看得我兴高采烈"中的施事动词"吃""喝""看"虽然是不及物用法,但更谈不上是非宾格动词。而汉语中界定非宾格动词只有这两种诊断格式,这样,汉语中非宾格动词有哪些,难以依托句法表现做出很好的界定。汉语中作格性与宾格性一样,主要体现在基本小句的句法组织格局上,即构式上。

不及物动词构成的存在句,其形式是"Loc + V + S",S 居 O 位置,任何时候都可以构成"S + V"形式,按照前面的标准和汉语的实际情况,这体现作格特征。而及物动词构成的存在句"Loc + V + O",有的"O + V"并不能完整成句,比如与"黑板上写着字"对应的"字写着"不能说,"字写了"的结构与"信写了"类似,一定有 A 存在。这背后更深层的原因是构成存在句的及物动词是准三元谓词,A 删除后,还有 O 与处所成分两个论元,与不及物动词仍不等同。这表明及物动词构成的存在句,按我们的作格观,应不是与作格性相关的现象。

认识汉语中存在句与作格性的联系,一要根据汉语整体的特点，二要根据汉语中作格性整体的呈现状况，最后当然也跟自己所持的理论立场相关。

第六章　视点与存在句动后名词性成分的信息状态

先看下面的例子：

(1) 李白发现那只未接电话，已经是第二天早上的事了。"蹊跷！"李白对着手机嘀咕了一声。老婆正在客厅里给女儿把尿，就问了："什么？""噢，没什么。"李白敷衍了一句……"爸爸，是什么啊？"三岁的女儿跟着问了一句。"<u>爸爸的手机上有一只未接电话</u>，你拉你的尿吧。"李白说。李白对女儿从不敷衍。（斯继东：《今夜无人入眠》，载《小说选刊》2009年第5期，第44页）

上面例（1）中的存在句"爸爸的手机上有一只未接电话"，其动后"一只未接电话"的所指前文已出现，对于读者来说是旧信息。但"一只未接电话"处在常由新信息占据的存在句动后位置，且以一般多用来表示无定、编码新信息的"数量名"形式编码。为什么会如此呢？原来，这个例子开头提及"那只未接电话"的话语，是采取叙述者视点叙述的话语，而后面存在句中提及"一只未接电话"的话语，是文内角色的直接引语，是采取（文内言者）角色视点叙述的话语。从文内言者角色李白的角度来看，"一只未接电话"的所指对于文内听者角色女儿来说，是她所不知道的，于是叙述者叙述时按角色视点把它处理成了新实体、新信息，这样把它放在存在句动后也就自然而然了。

一篇小说内部的叙述一般会采取多种视点。以第三人称叙述的小说，叙述者在展开具体情节时往往会把视点赋予不同的角色（Givón, 1999），叙述者叙述时可能会直接引用多个角色的话语或思想，这些直接话语只能采用说这些话的人物的视点。下面看一个经典的例子：

(2) 话说当时薛霸双手举起棍来，望林冲脑袋上便劈下来，说时迟，那时快，薛霸的棍恰举起来，只见松树背后雷鸣也似吼一声，那条铁禅杖飞将来，把这水火棍一隔，丢去九霄云外，跳出一个胖大和尚来，喝道："洒家在林子里听你多时！"（施耐庵：《水浒传》，第8回）

这一例展开叙述时，前面采取的是叙述者视点，以"话说"为标志。"见"后为公人视点。最后"洒家在林子里听你多时"是直接引语，采取的是和尚（鲁智深）的视点（罗钢，1994：177；杨义，1997：194–195）。

本章以存在句为例，考察小说文本中视点因素如何影响动后名词性成分信息状态的处理。

一、视点和视点的语言呈现

（一）视点概念和研究简史

叙事学中，视点大致可界定为叙述者、角色（包括拟人化的实体）的位置、个性和价值观影响故事描述的方式（Niederhoff, 2013）。简单地说，就是叙述者主要从谁的意识出发叙述。叙述者可以独立于小说世界之外来讲叙，即采取叙述者视点；叙述者叙述时也可以立足于小说世界中的人物，以他们的角度来看待小说的其他人物和事件，即采取角色视点；或者叙述时叙述者既是小说世界中的人物同时也是叙述者，即采取第一人称视点（罗钢，1994：163；Chafe, 1994：195–270）。视点这一概念，英语中对应的术语有 view of point、vantage point、perspective、focalization、voice，意思大致差不多，有的只反映使用习惯的差异，但有的则与理论取向有关。

关于视点概念的研究，我们先从早期，再从结构主义取向、生成取向、人际取向、认知取向几条线做一个简介。

据 Niederhoff（2013）对视点问题研究的回顾，对这个问题较早的讨论见于 James（1972/1908），其后他的弟子 Lubbock（1972/1921）基于传统叙事方法"讲叙"（telling，突显叙述者）和"展示"（showing，背景化叙述者）的对立，把老师的核心观察系统化，区分第一人称叙事和三种不同的第三人称叙事。继承这一传统的 Friedman（1967/1955）则对四种类型进一步细分，提出八种视点类型。在德语国家中，相当有影响力的模式是 Stanzel（1971/1955，1984/1979）的分类环模式，该模式中三对对立概念以圆心等距排列构成。三对对立概念分别是：涉及叙事模式的叙述者与反映者，涉及叙事视角的内部视角与外部视角，涉及叙事人称的叙述者与角色的一致与不一致。不过，Cohn（1981：176-180）、Genette（1988/1980：78-79）等认为，第一对概念事实上蕴含后两对概念（Niederhoff，2013）。

其后，结构主义取向的研究专注于揭示文学交际系统的抽象原则及一系列对立，发展出文学的"语法"。这其中的标志性著作是 Genette（1988/1980），他提出叙事（diegesis，即文本中事件的实际次序）和叙述（narrative，即对具体事件讲述这一行为）的对立，以及故事叙事（homodiegetic，即叙述者在故事中）和异故事叙事（heterodiegetic，即叙述者不在故事中）的对立，同时把视点这一概念改为聚焦（focalization），并坚持区分叙述者和聚焦，聚焦可分为三类，即零聚焦、内部聚焦、外部聚焦。零聚焦即存在一个全知叙述者，所知多于任何角色；内部聚焦，即是有限叙述，相当于角色的自由间接话语；外部聚焦，叙述者所知少于角色所知，呈现一种客观色彩。叙述者和聚焦可自由组合，这是一个巨大的革新。在欧洲，Genette 的影响很大，不过后来的研究者，如 Bal（2017/1985：133－136）、Rimmon-Kenan（1983）、Schmid（2008/2005：137－138）多采取叙述者或人物视点的双模式，摒弃了 Genette 的第三种模式（徐岱，2010；Niederhoff，2013）。

生成取向的标志性著作是 Banfield（1982）的 *Unspeakable Sentences*，Banfield 拒绝结构主义模式，其背后的语言学理论基础和基本方法论是转换生成语法模式，所以被称为生成取向。Banfield 以数种语言形式的特征区分两类不可说的句子，一类是叙述句，一类是被描述的话语，即自由间接话语，他认为前者是叙述者视点的客观句，后者是反映角色视点的主观句。Ehrlich（1990）基于 Banfield（1982），把理论框架扩展到超越单个句子，同时重视语境影响。Wiebe（1990）把 Banfield（1982）的理论用于计算机自动识别主观句，总结出用于辨识主观句（即角色视点的句子）的一套语言形式机制。

"人际取向"是 Simpson（1993：35）从系统功能语法借入的术语，这条线的研究是找出创造文本"人性"的语言特征（Simpson，1993：35），所涉及的语言特征主要一块就是情态，情态与语言的人际功能相关，所以被称为人际取向。先行者是 Uspensky（1973）和 Fowler（1986）。Uspensky（1973）将视点从空间、时间、心理、措词、意识形态五个平台角度进行讨论。Fowler（1986）首先区分内部叙述视点和外部叙述视点，在此基础上根据人称、情态、感知动词等再各一分为二。Simpson（1993）则从人称出发根据情态特征，将文本分为四种视点类型。Uspensky、Fowler、Simpson 的视点分类在风格学中颇受关注，同样受风格学家关注的是 Chantman（1978，1986，1990）的视点分类，他的视点理论有一套独特的术语。Bosseaux（2007）曾将 Simpson 的模式用于翻译中的视点保持和变化的研究。

认知取向从认知角度关注视点研究，但内部差异较大。较早的研究是 Duchan 等（1995）的指示转移理论，其基本主张是小说叙述中有不同的指示场，指示场是系列与同一指示中心相关的指示表达式，人们阅读小说时，悬置正常的自我指示中心，假想指示中心位于故事世界的某处，而且这个假想的指示中心还可以变化，这个假想指示中心的变化意味着视点的变化（McIntyre，2006：98）。Stockwell（2002）对指示转移理论有进一步阐释，McIntyre（2006）对指示转移理论加以改造，用来分析戏剧文本的视点。Herman（2009；2013：161-192）的认知取向则是采用 Langacker（1987，1991）认知语法的理论，把视点或聚焦看成概念化或解析的一部分，而 Dancygier（2012a，2012b）以及 Dancygier 和 Sweetser（2012）的认知取向，则是把视点看成心理空间的特征，整个故事构成故事空间，故事空间由不同层次的叙述空间构成，叙述空间提供了空间、时间、角色等各种可能的视点维度。

　　生成取向和认知取向的视点研究，偏重点在于微观角度。微观而言，故事中的任何一个小的情节或情况，也有一个叙述角度或从谁的意识出发叙述的问题（Rabatel，2009），不同的情节或情况，叙述者可能采用不同的视点来叙述，就像不同的故事可采取不同的视点来叙述一样。微观角度的探讨会涉及句子及小句的视点问题，不同的句子或小句可能采取的是不同的视点。其结果，多视点问题自然而然就被引入进来。Mey（1999）对此问题有详细的讨论。事实上对于自由间接引语，Pascal（1977）就已提出双重视点的观点。到现在，人们认识到叙述话语中多视点不是例外，而是常态（Dancygier and Vandelanotte，2016：13）。多个视点是分层组织的，而且构成一个网络，低层的视点选择会参与高层的视点建构（Dancygier and Vandelanotte，2016：14-16）。视点的运用也是一种叙事技巧，运用视点因素可操纵读者/听者的阅读理解。这自然会考虑到读者/听者的角度，这也是多视点的一种表现。

　　（二）视点的语言呈现

　　对视点问题的研究，不管宏观角度还是微观角度，都注重视点的语言呈现。宏观角度借助视点的语言呈现来构成对文本或文本风格的认识，对语言呈现的具体描述相对比较宏观、模糊。微观视点更需要从语言呈现的角度去证实，对语言呈现的描述着重细节，比较具体、明确。

　　Banfield（1982）、Ehrlich（1990）、Wiebe（1990）对体现角色视点的语言成分有相当详尽的描写。Short（1996：263-286）列了一个反映视点语言呈现的项目清单，包括七项：①图式导向的语言。图式是我们理解人、事件、活动或场景的背景知识，与特定图式相关的描述可以指示视点。②主观表达式。主观表达式跟评价主体相关联，往往呈现的是评价主体的视点。③新旧信息。特定实体是新实体、旧实体涉及言者对认知感知者的认知状态的评估，可以指示认知感知者的视点。④特定角色的思想与感知。思想与感知一般与特定角色相关，所以往往可指明是谁的视点。⑤指示语。指示语与指示中心也就是视点相关，所以指示视点所在。⑥社会关系指示语。社会关系指示语标明角色与角色之间的社会关系，显示从谁的角度描述这种关系，可以指明视点所在。⑦活动和事件的序列和组织。这个序列和组织可能体现的是观察者的角度，所以可以帮助指明视点。McIntyre（2006：47-55）对此清单补充了三项：⑧书写符号。比如，标示直接话语的引号表明其言者是视点所在。⑨预设。预设表明相关知识，相关知识与特定人相关，因此有可能协助表明视点所在。⑩语用推理。Sweetser（2012：4-6）从构建心理空间的角度对标记视点的语言形式做了比较详细的概括，涉及的相关因素有：①言者和听者的时空位置、他们本身的位置关系以及他们对相关物的可及性；②言者和听者的所知、所想、预设以及对参与心理空间的心理计算；③言者和听者对相关心理空间内容的看法。

　　另外还有一些与视点相关的纯语言学研究，例如，Kuno（1987）针对视点对回指成分限制的研究，Verhagen（2005）对语法、话语、认知中人际主观性的考察，Vandelanotte（2009）对英语中言语和思想描述的研究等，涉及视点因素对语言形式的影响。

　　这里结合本章的研究对象，以中国当代小说文本中的例子来演示一下标示视点的语言形式。首先，直接引语是说话人的视点。通常标明视点的形式标记，一是书写上的双引号，二是可能有提示说话者即视点所在的插入句，三是指示中心为说话者，相关的人称、处所、时间等指示语皆以此为参考点，四是可能有引语标记"说""道"。例如：

　　（3）六爷不死心，又说："小马，我这里还有花生米哩，你吃上些。"（王新军：《少年的戈壁》，载《小说选刊》2009年第8期，第111页）

　　（4）苏圆圆让他先走。"你回去上班吧，这儿有我呢。让我们姐妹聊聊。"（滕肖澜：《倾国倾城》，载《小说选刊》2009年第4期，第103页）

　　例（3）中双引号加其前的冒号标记双引号中的内容为直接引语，"（六爷）又说"也是提示六爷为视点所在。直接引语中的"我""这里""你"都是以六爷为指示中心的指示成分，显示六爷为视点所在。例（4）双引号标明其中的内容为直接引语，但没有提示视点人物的句子，可视为自由直接引语，除此之外，"你""这儿""我""我们"是以说话者为视点中心的指示成分，从语境上看，说话者为苏圆圆。

　　其次，感知、认知、交际动词带类似宾语的句子，此时这些动词的作用就是为后接句标明视点，视点即是这些动词的主语论元（Verhagen，2005：78-155）。例如：

　　（5）大家看到，神龟庙已经是残垣断壁，屋檐屋脊上都长满了小草，甚是凄凉。（方远：《神龟出没》，载《小说选刊》2009年第7期，第106页）

（6）他知道这种斜乜的目光是啥意思——她的心里也有他。（王新军：《少年的戈壁》，载《小说选刊》2009年第8期，第98页）

（7）警察说城门下边左侧那个咖啡店里有电话，在那里喝咖啡的话就可以免费搭配电话的。（陈河：《黑白电影里的城市》，载《小说选刊》2009年第6期，第132页）

上面例中的"看到""知道""说"这些动词和其后所带类似宾语的句子，Verhagen（2005：78-155）认为不是动宾结构，这些动词的一个重要作用是为后面的句子引出视点，后面句子的视点是这些动词的主语论元。动词后的句子上实际上是间接引语。

再次，描述角色的思想和感知，其视点自然是思想或感知的主体。这实际上相当于上面的情况，只不过引出视点的动词没有出现。例如：

（8）马克同志在昌黎第二师范学校读书的第二年，一个偶然的机会，在自己床下发现一本书。奇怪，床下怎么出来书了？一定是有人放到褥子下面的，书不厚，封面也没有字。（林希：《岁月如诗》，载《小说选刊》2009年第5期，第12页）

（9）灯光亮起，两人却呆在了门口……豪华，太豪华了。地板亮得不敢伸脚踏上去。天花板里透出暖粉色的光亮，几尾热带鱼的影子居然在天花板里绅绅游动……（薛舒：《摩天轮》，载《小说选刊》2009年第4期，第136页）

（10）大家眼睛里露出异样的光芒，嘴上笑笑，只是笑笑，仍是异样的。他说的这些，怎么看也像是"烟幕弹"。你背后有具当大官的叔叔，对吧？你的姿态多高呀，让他们来淘汰我！其实不过是炫耀一下自己关系很硬的，有厚厚的防身服，不怕扣分，不怕淘汰。（王甜：《集训》，载《小说选刊》2009

年第9期，第45页）

例（8）中"奇怪，床下怎么出来书了？一定是有人放到褥子下面的，书不厚，封面也没有字"描述的先是角色的思想，这里类似直接引语，是直接思想，角色马克是视点所在，"书不厚，封面也没有字"描述的是角色的感知，马克也是视点所在。例（9）描述的也是角色的思想和感知，"豪华，太豪华了。地板亮得不敢伸脚踏上去。天花板里透出暖粉色的光亮，几尾热带鱼的影子居然在天花板里绰绰游动……"既可以视为想法也可视为感知。如果视为思想，则是自由间接思想，这种情形通常认为具有叙述者和角色的双视点，这例中的主观表达式"豪华，太豪华了"、主观表达成分"居然"突显角色视点，表明"两人"是视点所在。例（10）中，"仍是异样的"这一句后，皆是描述角色的思想的，不过"他说的这些，怎么看也像是'烟幕弹'"是自由间接思想，有叙述者的视点，也有角色（大家）的视点，"你背后有具当大官的叔叔，对吧？你的姿态多高呀，让他们来淘汰我！其实不过是炫耀一下自己关系很硬的，有厚厚的防身服，不怕扣分，不怕淘汰"是自由直接思想，只有角色（大家）的视点，语言形式上指示成分"你"明显与指示中心相关，问句"对吧"都与角色视点相关。"让他们来淘汰我！"还是角色视点中的自由直接引语，是"你"的视点。

二、视点变化和存在句动后名词性成分的信息状态

（一）视点变化导致把旧实体处理成新实体

理论上，文本中名词性成分的信息状态由叙述者/言者对读者/听者认知状态的评判决定，名词性成分的所指在前面的文本中已出现，或是由前面文本中出现的实体明确推知的实体，叙述者/言者会认为这对于读者/听者来说是旧实体，反之则是新实体。但实际情况并非如此简单，一些前文中已出现、叙述者/言者认为对于读

者/听者而言的旧实体，换一个视点，比如以文中角色的视点来看，可能被认为是新实体。就像看话剧，话剧中前面已提及的实体于观众而言是旧实体，但对于剧中新的角色而言，完全可能是新实体。所以视点变化会影响到名词性成分的信息状态，进而可能影响到叙述者/言者对它的编码。

把读者已知的实体，换一种视点叙述时处理成新实体，对于存在句而言，这是视点变化影响存在句动后名词性成分信息状态处理的最常见情况。存在句动后一般要求是新实体、新信息，一些存在句动后出现前面文本已提及过、对于读者而言的旧实体、旧信息，其原因就在于因视点变化，把这些旧实体、旧信息处理成了新实体、新信息。

视点变化导致把旧实体处理成新实体，一般情况是把前面不管采取何人视点叙述时已提及的实体，在换用另一角色视点时，处理成新实体。下面看具体的例子：

（11）春天里的一个晚上，<u>盛大年</u>带着情人从外地旅游回来，就被老婆胡小粉和她的母亲堵在了他的新家里……胡小粉和她的母亲先打了盛大年的情人，然后一边抓着盛大年情人的头发，一边就咬住了盛大年护着情人的手……盛大年害怕胡小粉闹大了动静，被人报了警，招来了警察，就把电话打给了唐光荣……进了盛大年的家，唐光荣才发现<u>盛大年</u>的家里并没有要绑架他的歹徒，<u>只有三个厮打在一起的女人</u>，在豪华的地板上扭打成一团。（常芳：《一日三餐》，载《小说选刊》2009 年第 5 期，第 146 页）

（12）先前那人逼到眼前，揪住他的头发，说一声："嘿呀！<u>这里还猫了一个死保皇派</u>！"（肖建国：《短火》，载《小说选刊》2009 第 5 期，第 111 页）

例（11）中"唐光荣才发现"及前面的叙述，是采取叙述者视点的一般叙述，其后面的叙述采取的则是角色唐光荣的视点。存在句"（盛大年的家里）只有三个厮打在一起的女人"处于采取唐光荣视点的叙述中，其动后"三个厮打在一起的女人"的所指在前面采取叙述者视点的叙述中已提及，读者已知，但对于唐光荣而言，却是新实体，因此这里处理为新实体、新信息，用一般编码新信息的"数量名"结构编码，放在存在句动后。

例（12）是小说《短火》中的一个小片段。这篇小说整体上采取的是叙述者的视点，但这一具体例子，直接引语是文中角色"那人"对其同伙说的话，采取的是"那人"的视点，与前面叙述的视点不一样。直接引语中的存在句"这里还猫了一个死保皇派！"，其动后"一个死保皇派"的所指即是前面叙述中已提及的"他（湘桶仔）"，这对于读者来说是旧实体，但对于文内听者角色而言，这是新实体，于是叙述时按"那人"的视点处理成了新实体、新信息，用"数量名"形式编码。

叙述者叙述时，与存在句相关的上述视点变化，主要有两种情况。一是直接话语（引语或思想）标示，采取了与前面叙述不同的角色视点。一是感知、认知或言说类动词标示其后采取了不同视点来叙述。例如：

（13）"站住！"<u>前面传来一声喊叫</u>。抬头看过去，魏敬明站在孟露对面。（林夕：《诗意岁月》，载《小说选刊》2009年第5期，第11页）

（14）这一年秋，大个到韩庄镇卖完最后一车土豆，终于买回了一头小毛驴……正要擦肩而过时，渠鹏突然看见<u>大个身后还跟着一头毛驴</u>，眼睛就忽地一亮，对小胡子说……（王庆利：《找驴》，载《小说选刊》2009第7期，第131页）

例（13）中，直接引语是角色魏敬明所说的话，直接引语保留说话者言说时的人称、时间等指示，自然采取的是言者角色，即魏敬明的视点。直接引语后面是采取第一人称叙述者/角色的视点的叙述。这一例中存在句"前面传来一声喊叫"是第一人称叙述者/角色的感知内容，采取的是第一人称"我"的视点，"一声喊叫"即是前面的"站住"这一句话，这于读者而言是旧信息、旧实体，但对于"我"来说却是新实体、新信息，于是这里用"数量名"形式编码，放在存在句动后。

例（14）中存在句"大个身后还跟着一头毛驴"，应是采取渠鹏视点的叙述，用"看见"引出，其余部分则是采取叙述者视点的叙述。感知动词后面的存在句，往往采取感知动词主体的视点。感知一般只有其主体才了解其内容，而且视点最初始的含义就是看的角度，因此感知内容的叙述中换用感知动词主体的视点是件很容易的事。所以感知动词也往往标明其后面的叙述与前面的叙述相比，所采取的视点发生了变化。此例中存在句"大个身后还跟着一头毛驴"动后"一头毛驴"的所指已在前面采取叙述者视点的叙述中提及，读者已知，但对于渠鹏而言，应是新实体，这里按渠鹏的视点处理成新实体、新信息，用"数量名"形式编码。

不管是叙述者视点还是角色视点，叙述时的时空变化都可能会导致视点的变化。一种时空背景下已提及的实体，换用另一种时空背景处理时，仍可能被处理成新实体、新信息。例如：

（15）到土庄两个月零四天，蓝玉来了。蓝玉来的头天晚上，土庄下了一场罕见的暴雨。第二天一大早我就起得床来，<u>看见院子里跪着一个男娃子</u>……（我的师傅）就是不看院子里的蓝玉和他的父亲，仿佛院子里的两个人只是虚幻的存在。（肖江虹：《百鸟朝凤》，载《小说选刊》2009年第4期，第68页）

（16）其木格一边给阿扎擦着眼泪，一边用颤抖的声音说道……这天，<u>贝子庙住持的禅房里出现了一个十四五岁的女孩子</u>……住持双手合十，高声颂着，随后转过头来，"请问小施主,你是谁家的孩子?""我是阿拉坦仓家的孩子。住持伯伯。""这么说,你就是其木格了?"(里快:《神笛》,载《小说选刊》2009年第8期,第38页)

(17) 去往操场训练时,队伍带着午睡后半梦半醒的拖沓状态慢慢挪下通往操场的缓坡,在灰草烤焦的香气中,<u>前面不远处出现了一列由三个人构成的小纵队</u>,三点一线,最后一个"点"总是慢一拍,像个笨拙的小尾巴。大队伍很快赶上了小纵队,大家看清了,正是三班长带着两个长发女孩,要去山下的镇上剪头发了……路漫漫和汪晓纤跟着三班长,搭一辆外出拉物资的吉普车来到镇上。<u>山下的小镇人不多</u>,宁静,<u>一下来了几位穿军装的女的</u>,镇子主干道两边便只剩下了错错落落瞪大的眼睛。(王甜:《集训》,载《小说选刊》2009年第9期,第44页)

例(15)采取第一人称视点展开叙述,存在句"院子里跪着一个男娃子"动后"一个男娃子"的所指就是蓝玉,在前面的叙述中已提及,读者已知,但这里放到蓝玉来的那天的时空里重新引出,被处理成了新实体、新信息,用"数量名"形式编码。这一例实际上还有叙述自我与经验自我的差异,时空变化对应叙述自我与经验自我的变化。例(16)采取叙述者视点展开叙述,存在句"贝子庙住持的禅房里出现了一个十四五岁的女孩子"动后"一个十四五岁的女孩子"的所指其木格,在前面的叙述中已提及,读者已知,但这里把她放到另一个时空里重新引出,被叙述者处理成了新实体、新信息,用"数量名"形式编码。对于时空视点的变化,时空本身变化就是其线索。例(17)中,路漫漫、汪晓纤和三班长三个人,在叙述者的叙述中,先是在下位的角色视点中出现的,角色视点起初距离比较远,"一列由三个人构成的小纵队……小尾巴",后来比较近,"正是三班长带着两个长发女孩……",最后一段,叙述者的叙述立足于小镇,形式上含指示成分"来到"显示了这一点，由于三个人相对小镇来说是新实体，形式上也以"数量名"结构编码。

有关内容如果有特定的来源，在展开叙述时，有时从这个特定的来源角度出发，也可造成所采用视点的不同，这可视为一种特殊的时空变化造成的视点变化。前面的一般叙述中已提及的实体，在换用这种来源角度的叙述中提及时，仍可能被处理成新实体、新信息。例如：

(18) 几十年后，在抗日纪念馆里的陈列室里放着一根半米长的擀面杖。擀面杖旁边的纸片上记载着这样一段文字：1942年冬，龙头村西的一个鬼子据点里，40多名鬼子被人毒死在大院里，厚厚的雪地里丢弃着一根栗子皮色的擀面杖……（厉剑童：《宽心面》，载《小说选刊》2009年第7期，第99页）

(19) 结果是令人失望的，县图书馆的藏书和史料少得可怜，只查到几份关于神贵乡的资料，无非是神贵乡有龟山一座，龟山上有神龟庙三间，神龟泉一眼等。（方远：《神龟出没》，载《小说选刊》2009年第7期，第108页）

例 (18) 中，存在句"厚厚的雪地里丢弃着一根栗子皮色的擀面杖"动后"一根栗子皮色的擀面杖"的所指在前面话语中已出现，读者已知，但这里从展示介绍的纸片角度出发，仍被处理成新实体、新信息，用"数量名"形式编码。例 (19) 中，存在句"神贵乡有龟山一座""龟山上有神龟庙三间，神龟泉一眼"动后"龟山一座""神龟庙三间，神龟泉一眼"的所指已在该小说文本的前面多次提及，读者已知，但从资料的角度着眼，仍被处理成新实体、新信息，用"名+数量"形式编码。

（二）视点因素导致把新实体处理得像旧实体

前面的讨论，涉及的事实都是前面已提及的旧实体，换用另一种视点时，被处理成了新实体、新信息，这是视点因素影响存在句动后名词性成分信息状态的最常见情况。但是，也存在少数的情况，视点因素导致把文中第一次提及、对于读者来说全新的实体处理得像旧实体，进而影响其编码形式，以及相应存在句的使用。例如：

（20）他（孙玉华）看到，屋里洁净极了，一尘不染……<u>炕下放鞋的位置，是他穿过的那双军用胶鞋</u>。（方远：《神龟出没》，载《小说选刊》2009 年第 7 期，第 115 页）

（21）阿戈龙掀起餐巾，看见<u>盘子里是他被上级收缴的手枪</u>。（陈河：《黑白电影里的城市》，载《小说选刊》2009 年第 6 期，第 139 页）

（22）这时候听到了敲门声，叶葳蕤不知道是谁，愣了一下，才跑着去打开了门。叶葳蕤做梦也没想到，<u>门外，站着自己大学时候最好的朋友</u>。（川妮：《谁是谁的软肋》，载《小说选刊》2009 年第 4 期，第 20 页）

例（20）中，存在句"炕下施放鞋的位置，是他穿过的那双军用胶鞋"处于采取孙玉华视点的叙述中，其动后"他穿过的那双军用胶鞋"的所指是孙玉华熟悉并已知的实体。例（21）中，存在句"盘子里是他被上级收缴的手枪"处于采取阿戈龙视点的叙述中，其动后"他被上级收缴的手枪"的所指是阿戈龙熟悉并已知的实体。例（22）中由"自己"一词的使用明确标明，存在句"门外，站着自己大学时候最好的朋友"是采取角色叶葳蕤视点的叙述，"自己大学时候最好的朋友"的所指是叶葳蕤熟悉并已知的实体。虽然从读者的角度来看，这三例中存在句动后名词性成分的所指在文中第一次出现，它们应是新实体、新信息。但是受角色视点因素的影响，这里它们其实是分别按孙玉华、阿戈龙、叶葳蕤的视点被处理得像旧实体。这三例中，"他穿过的那双军用胶鞋""他被上级收缴的手枪""自己大学时候最好的朋友"的所指唯一，是定指的。形式上，"他穿过的那双军用胶鞋"是带修饰语的"那＋量词＋名词"，这一名词性形式一般表示有定，常常编码旧实体。"他被上级收缴的手枪"最大层次上可分析为领有定中结构，"他"是领有定语，这一名词性形式常常表示有定，编码旧实体。"他"后面可插入"那＋量词"变换为"他那支被上级收缴的手枪"，也证明了这一点。"自己大学时候最好的朋友"相当于形容词最高级形式，所指唯一，这一形式总是有定的，常编码旧实体。

　　动后为表示有定，编码旧信息的成分的存在句是受限制的。存在句存在所谓的定指效应，有定或编码旧信息的成分预设其所指的存在，存在句就是表示动后名词性成分的所指存在的，这样预设就成了断言，句子并没有传达更多的信息。所以违背定指效应的存在句要求相应的存在命题不是句子表达最突显的部分，整个存在句另有表达上的强调点。上面例（20）（21）的存在句，符合这一要求，"炕下放鞋的位置，是他穿过的那双军用胶鞋""盘子里是他被上级收缴的手枪"，中间的动词是"是"，这是强调确认句，动后名词性成分所指存在这一命题不是它们表达上突显的部分。例（22）的存在句也符合这一要求，"门外，站着自己大学时候最好的朋友"用于意外的语境中，这个意外含义是一种会话含义，突显这一会话意义，使得动后名词性成分所指存在这一命题不是句子表达最突显的部分。

　　当然，小说是给读者阅读的，读者的理解是信息状态处理的最终决定因素。这些按角色视点为旧实体、但对读者来说为新实体的成分，必须给予充分详细的描述，读者才能正确处理它们，这导致这些成分形式上比较复杂，与一般表示旧实体、旧信息的名词性成分仍然有些差异。这表明，视点因素把读者新实体按视点因素处理得像旧实体，不像把读者旧实体按视点因素处理成新实体那么容易。这些表示读者新实体、角色旧实体的名词性成分，在讨论信息状态时，关注的应是它们为读者新实体、新信息这一面。

三、结语

我们前面讨论视点变化影响对名词性成分信息状态的处理，都是以存在句动后名词性成分为例的，其实其他句法位置上名词性成分的信息状态处理，也可能受视点因素影响。我们前面所举的很多例子，其中的存在句其实可换用非存在句的表达形式，如例（11）可说成"唐光荣才发现盛大年的家里并没有要绑架他的歹徒，却见<u>三个女人</u>厮打在一起，在豪华的地板上扭打成一团"，例（12）可说成"嘿呀！<u>一个死保皇派</u>猫在这里呢！"，例（14）可说成"渠鹏突然看见<u>一头毛驴</u>跟在大个身后，眼睛就忽地一亮"。这些说法不采用存在句形式，但其中的"三个女人""一个死保皇派""一头毛驴"仍被处理成了新实体、新信息，用"数量名"形式编码。例（20）可说成"……<u>他穿过的那双军用胶鞋</u>静静地躺在炕下放鞋的位置。"此句说法不采用存在句形式，但"他穿过的那双军用胶鞋"仍被处理得像旧实体。Short（1996：266 - 268）曾视新、旧信息的某些处理为视点变化效应的体现，并举了很多例子来说明。事实上，与信息状态相关的名词性成分的编码形式是视点语言呈现的一个重要方面。

叙述者讲述故事时，把读者已知的实体，按角色视点或时空变化，处理成新实体、新信息，甚至把读者未知的实体，按角色视点处理得像旧实体、旧信息，效果上可以使读者更好地融入角色、融入场景，融入故事当中去，是获得艺术效果的一种手段。一些小说完全以角色视点展开叙述，把许多第一次提及、对于读者而言全新的实体，按角色视点处理得像旧实体，并用代词、"这/那 + 名词"等这些一般用来编码旧实体、旧信息的形式编码，形成小说的一种特殊风格。

Prince（1992）从话语和听者两个角度分出新、旧信息。前面的讨论表明，叙述时所采取的视点变化，可能影响名词性成分信息状态的处理。因此考察信息状态时，必须要注意到视点这一因素的影响，光话语和听者两个角度似乎还不够。信息状态的研究者对视点因素的影响似乎没有注意到。新、旧信息的界定本是一个复杂的问题，相关研究并不深入，视点因素的引入会使得问题更加复杂化。

叙述时所采取的视点变化，可能影响名词性成分信息状态的处理，还可能影响到其指称状态。Chen（1986：74-76）认为视点变化是非第一次提及某实体却用不定指形式的一个重要影响因素。张斌（2010：815）也注意到了这一点，认为讲故事的角度不同，上文已出现的实体，也可能用不定指成分指称。前面我们所举的例子，视点变化导致信息状态的变化，从指称角度来看，也一般是把前文已提及的实体，在采取别的视点的叙述中提及时，视为不定指的，或者把第一次提及的实体视为定指的。

第七章　存在句动后什么时候可以是旧信息

Ward 和 Birner（1995）认为，存在句动后总是听者新信息，并以此解释存在句的定指效应，即动后名词性成分一般不能是定指形式。第三章对存在句的定指效应及其违背也有一些讨论，本章从动后名词性成分的信息状态角度入手，检视《小说选刊》2009 年第 5 期中全部共计 608 例形式为"Loc + V + NP"（Loc 表方所成分，V 表动词，NP 表名词性成分）的存在句[①]，看汉语的事实如何。

一、名词性成分信息状态新旧的界定及其在存在句动后的分布

（一）听者新信息和听者旧信息

Prince（1992）提出从话语和听者两个角度来区分新、旧信息。所指在话语中第一次提及便是话语新信息，再次提及便是话语旧信息。所指为听者已知的便是听者旧信息，为听者所未知的便是听者

[①] 608 例中包括非独立成句的存在小句，如"娶媳妇的花轿里坐着武工队长穿过封锁线呀"中的"娶媳妇的花轿里坐着武工队长"之类。但不包括 2 例简单重复的例子，如"指挥部来人了！指挥部来人了！"中的后一句。

新信息①。话语旧信息自然是听者旧信息。一般来说,话语新信息也是听者新信息。不过,有两种情况比较特殊。

第一种是前面话语未出现,但言者相信听者已意识到的信息,如"潲桶仔十八岁那年,闹起了文化大革命"(《小说选刊》2009 年第 5 期,第 110 页)中的"文化大革命",前面的话语并未提及,但对于一般中国读者来说,都应知"文化大革命"的所指,这类信息虽是话语新信息,却是听者旧信息,这类信息 Prince(1981)称为未使用信息(unused)。

第二种是间接回指成分的信息状态,它们在前面的话语中也未直接提及,如"《殷墟书契》里面没有共产党……也没有共产主义"(《小说选刊》2009 年第 5 期,第 8 页)中的"共产主义",前文并未提及,但"共产主义"是"共产党"这一政党的信仰,是可由"共产党"推知的信息。如果间接回指成分与已知的推论出发点之间存在原型联系,那么它们应是听者旧信息,如前面例中的"共产主义"。如果二者不存在原型联系,则间接回指成分为听者新信息,如"他的一张瘦脸上,不合比例地长了满口白且大的马牙"(《小说选刊》2009 年第 5 期,第 34 页)中"满口白且大的马牙"的信息状态,"他"有"牙",所以"满口白且大的马牙"很容易与"他"联系起来,确定所指,但人不必然有"满口白且大的马牙",由"他"不能完全推知"满口白且大的马牙",因此"满口白且大的马牙"应是听者新信息(Birner,2006a,2006b)。

---

① 话语中的"所指或指称物"(referent)可以是指称的实际实体,也可以是表达的概念实体。一般来说,实际实体蕴含概念实体,比如"依着墙缝钉了很多竹钉子……神台后面,没有钉竹钉子"(《小说选刊》2009 年第 5 期,第 113 页)中前一个"竹钉子"指称实际实体,后一个"竹钉子"不指称实际实体,只表达概念实体,由于实际实体蕴含概念实体,所以后一个"竹钉子"应是听者旧信息。新实际实体,一般采用新词汇(新概念实体)描述,但也可能采用旧词汇(旧概念实体)描述,旧实际实体一般采用旧词汇(旧概念实体)描述,但也可采用新词汇(新概念实体)描述。故信息状态还应考虑词汇信息(概念实体)的新旧。参阅 Baumann 和 Riester(2012)。

（二）存在句动后名词性成分的信息状态

依据前面的界定，608 例存在句中，513 例即 84.4% 的存在句动后为听者新信息，95 例即 15.6% 的存在句动后是听者旧信息。据我们对 1366 例汉语一般句子的宾语的考察，39.3% 的比例，宾语为听者旧信息。与之对比来看，存在句动后的确通常是听者新信息，这表明存在句的宾语与一般句子不一样，不过存在句动后也不全是听者新信息。

存在句动后成分要求为听者新信息，其原因在于存在句表达存在命题，即动后名词性成分的所指存在（出现或消失），存在（出现或消失）的主体必须是听者新信息，存在命题对于听者而言才提供了新信息。动后若为听者旧信息，存在命题不含新信息，这会使得句子没有传达足够的信息量。定指成分一般表达听者旧信息，所以存在句动后一般不能是定指成分，存在定指效应。但定指成分在一些情况下表达的也可以是听者新信息，所以有时也能出现在存在句动后。这样动后为听者新信息的要求不但解释了定指效应，还解释了定指效应的违反。那什么时候存在句动后可以是听者旧信息呢？

二、动词和位置关系不是动后容纳听者旧信息的关键因素

（一）动词角度解释的问题

存在句的定指效应曾是国外存在句研究的一个热点，许多学者提出了自己的解释，第一章对此已有较详细的介绍。汉语存在句动后为旧信息或定指成分的情况，Huang（1987）就进行了讨论，后来 Yang 和 Pan（2001）、Hu 和 Pan（2007）提出了新看法。

不同于英语典型的 There be 存在句，构成汉语存在句的动词显

得更多样。据此,Huang(1987)认为,当存在句中的动词不单纯表示存在、出现或消失时,不存在定指效应。关于这一点,我们的理解是,当动词不单纯表示存在、出现或消失时,它们还可以表达存在、出现或消失的方式。这样存在句已提供了足够的信息,使得存在命题即便是旧信息也不影响句子的成立,促成其动后容纳听者旧信息,这样也就不存在定指效应了。然而事实并非如此。

其一,存在句句式意义就是表示存在、出现或消失,与句式相应,当中动词的核心意义也是表示存在、出现或消失,其他意义是不重要的。存在句在使用当中极少把焦点放在动词上强调存在方式便是证明。更重要的是,存在句存在"轻动词限制",即动词提供的信息有限(Levin and Rappaport,1995;董成如,2009)。所以动词不单纯表示存在、出现或消失,并不能解释由它们构成的存在句动后可以容纳听者旧信息、定指成分。

其二,我们的语料中,95例动后为听者旧信息的存在句,由不单纯表示存在、出现或消失的动词构成的只有17例,即便加上动词为"是"的8例,也总共只有25例,只占约1/4。如果因为动词不单纯表示存在、出现或消失导致存在句动后可容纳听者旧信息,不存在定指效应,那么这类情况应该比较多才对,但事实不是这样。

其三,语料中由不单纯表示存在、出现或消失的动词构成且动后为听者旧信息的存在句,只要语境容许,换成相应的单纯表示存在、出现或消失的动词,句子仍然能成立。例如:

(1)第二天,<u>药店门外大清早就齐刷刷地站满了那帮泼皮</u>,他们还钱来了。(立夏:《最后一张药方》,载《小说选刊》2009年第5期,第104页)

(2)炒麻豆腐的味道往往传得很远,<u>胡同里一旦飘出那特有的香味</u>,人们便知道,叶家又在吃麻豆腐了。(叶广芩:《豆汁记》,载《小说选刊》2009年第5期,第72页)

上面例中动词换成相应的纯粹表示出现的动词，如"药店门外大清早就出现了那帮泼皮""胡同里一旦出现那特有的香味"，句子照样成立，只不过没有原来那么生动。

总而言之，存在句并不着意于存在方式，除非存在句的焦点在动词，强调存在方式，否则出现不单纯表示存在、出现或消失的动词，不是导致存在句动后容纳听者旧信息、定指成分的原因。

（二）位置关系角度解释的不足

不同于英语典型的 There be 存在句，汉语存在句动前有处所成分。据此 Yang 和 Pan（2001）、Hu 和 Pan（2007）对存在句动后容纳听者旧信息提出了新的解释，他们认为，当存在句描述了新的"空间－实体"关系，即动后名词性成分的所指与动前处所的位置关系（下文简称"位置关系"）是新信息时，由于存在句提供了足够的新信息，因此动后可以容纳听者旧信息。张珂（2009：119）基于认知语言学当中的背景与图形关系理论，认为存在句把一个新实体（figure）引入处所词语表达的背景（ground）中，不过这个实体即便对于听者来说是旧信息，只要它相对于背景而言是新实体就可以。然而，这一分析虽非常符合直觉，却是有问题的。

其一，按照这一逻辑，其结果必然是存在句不存在定指效应。因为只要位置关系是新的，那么动后完全可以是听者旧信息、定指成分。但是，84.4%的存在句动后为听者新信息，这表明动后一般要求是听者新信息、不定指成分，定指效应仍然是存在的。

其二，按照这一逻辑，动后名词性成分的所指与动前处所的位置关系不能是旧信息，但 95 例动后是听者旧信息的例子中，有 43 例位置关系是旧信息。例如：

（3）她就总在厨房里待着，院里屋内根本看不到她的影子，好像我们家里就没有这个人。（叶广芩：《豆汁记》，载《小说选刊》2009 年第 5 期，第 65 页）

(4) 自从桑那镇出现超市，他的生意还是一落千丈。（温亚军：《地烟》，载《小说选刊》2009 年第 5 期，第 92 页）

上面例（3）中，"我们家"与"这个人"的位置关系在存在句之前已得到说明，是旧信息。例（4）的前文已提及桑那镇有了超市，所以"桑那镇"与"超市"的位置关系也是旧信息。但上述存在句仍然成立。

其三，本章第三部分会说明，除非强调位置关系，否则促成动后容纳听者旧信息的因素都与位置关系不相关。例如：

(5) 《殷墟书契》里面没有共产党，也没有国民党。（林希：《岁月如诗》，载《小说选刊》2009 年第 5 期，第 8 页）

(6) 一天晚上，"六祖禅院里"一帮神经病散去，禅院里只剩下了"三期肺病"和马克两个人。（林希：《岁月如诗》，载《小说选刊》2009 年第 5 期，第 20 页）

上面两例中，从小说语境来看，"共产党""国民党"与"《殷墟书契》里面"的位置关系，"'三期肺病'和马克两个人"与"禅院里"的位置关系都是新信息。但第三部分的讨论会说明，例（5）是否定句，例（6）中的存在句着重限定动后名词性成分所指的量，这才是促成存在句动后容纳听者旧信息的因素，这里位置关系的新旧与动后容纳听者旧信息没关系。

当位置关系是新信息时，即便动后成分所指是听者旧信息，存在句也已传达了新信息。理论上新位置关系应该促成存在句动后容纳听者旧信息，为什么除非强调位置关系，否则位置关系对存在句动后是否容纳听者旧信息没有影响呢？要理解这一点，可先看看存在句动后什么时候是听者旧信息。

三、存在句动后是听者旧信息的情形

存在句究竟什么时候动后可以是听者旧信息呢？95 例动后是听者旧信息的存在句，所涉及的情况具体如下：

第一，当存在句为否定句时。31 例与此因素有关。例（3）（5）中的"<u>我们家里就没有这个人</u>""<u>《殷墟书契》里面没有共产党，也没有国民党</u>"，前一例位置关系是旧信息，后一例位置关系是新信息。否定句预期相应肯定句的命题内容，也就是说，此时存在命题、位置关系并非否定存在句表达的突显内容，因此存在命题、位置关系的新旧不影响句子的成立，促成存在句动后容纳听者旧信息。一些没有冠词的语言如俄语、土耳其语，表现类似汉语，其否定存在句也不存在主体为听者新信息或不定指成分的要求（White et al., 2011）。

第二，当存在句着重表达动后名词性成分所指实体的量时。16 例与此因素有关。例如：

（7）章教授看到警车一辆一辆地开走了，周围看热闹的人群也渐渐散去，<u>现场只剩下自己</u>。（中跃：《中国式碰撞》，载《小说选刊》2009 年第 5 期，第 157 页）

（8）他只知道，<u>那个时候"7086"里还有马拉、黄皮和赵四小姐三个人</u>。（斯继东：《今夜无人入眠》，载《小说选刊》2009 年第 5 期，第 47 页）

例中存在句动后的"自己""马拉、黄皮和赵四小姐三个人"的所指在前面话语中已提及，它们都是听者旧信息，其位置关系也是旧信息。这些例子，都是着重限定动后名词性成分所指的量的，例（8）中，"马拉、黄皮和赵四小姐三个人"是计数式同位结构。绝大部分限量的例子，跟例（6）（7）类似，动前有限量焦点算子

"只"来限定①。着重表达动后名词性成分所指实体的量时,存在命题、位置关系也非表达的突显内容,它们的新旧不影响句子的成立,促成动后容纳听者旧信息。

第三,当存在句的核心动词是"是"时。8 例与此因素有关。前面我们讲到,除非强调存在方式,否则动词不是存在句动后容纳听者旧信息的原因,但这个"是"例外②。例如:

(9) 距离唐光荣喝酒的摊子不远处,往西隔着……路,<u>就是留香带着一群女人跳舞的地方</u>。(常芳:《一日三餐》,载《小说选刊》2009 年第 5 期,第 154 页)

(10) <u>后面是几米深的护城河</u>。(林希:《岁月如诗》,载《小说选刊》2009 年第 5 期,第 21 页)

这两例存在句动后成分"留香带着一群女人跳舞的地方""几米深的护城河",在小说前面的文本中已提及,是听者旧信息,前一例位置关系是新信息,后一例位置关系是旧信息。这类核心动词为"是"的存在句,不表示等同或归类,它们除了表示存在义,还着重表达主观"断定"义(张和友,2012:64-65)。存在命题,包括位置关系,是强调确认的前提,不是整个句子表达的重点,它们的新旧不影响句子的成立,这促成它们动后容纳听者旧信息。

第四,当存在句动后名词性成分提供词汇新信息时③。6 例与此因素有关。例如:

---

① 一些存在句动后为定指成分时的列举理解,其本质也是着重表达存在主体的量,例(7)(8),也可视为列举理解。

② 胡文泽(2011)不认同传统的处理,认为这类动词是"是"的句子是一般的判断句,不是存在句。从动后容纳听者旧信息的表现来看,这类句子也有其特殊之处,但我们仍按传统,把它们当存在句看待。

③ 一些存在句动后为听者旧信息时,动后成分含一些表示新属性的修饰语,可能这也有助于存在句的成立。但这类存在句总有别的促成动后容纳听者旧信息的因素存在。所以我们不把含表示新属性的修饰语列为促成存在句动后容纳听者旧信息的独立因素。

(11) 随着父亲进来的是一股冷风和他身后一个不年轻的妇人。依着往常我会嚷着"今天带回什么好吃的来啦"扑向父亲。但今天没有，<u>今天父亲身后有生人</u>。母亲说过，女孩子在外人跟前要表现得含蓄，有教养。（叶广芩：《豆汁记》，载《小说选刊》2009年第5期，第62页）

(12) "嘿，小学弟。"<u>背后传来了孟露好听的声音</u>。（林希：《岁月如诗》，载《小说选刊》2009年第5期，第10页）

例（11）中存在句动后成分"生人"的所指是前面的"一个不年轻的妇人"，是听者旧信息，位置关系也是旧信息，但这里注重的是词汇形式表达出来的词汇新信息。例（12）中存在句动后"孟露好听的声音"所指就是前面出现的"嘿，小学弟"，是听者旧信息，不过位置关系是新信息。"嘿，小学弟"是角色人物的直接引语，"孟露好听的声音"是对同一对象采取的不同视点的描述，也传递了词汇新信息。这些存在句确实是突显词汇新信息，突显对已存在的旧实体的新描述，使得存在命题、位置关系并非表达的突显内容，它们的新旧不影响句子的成立，促成动后容纳听者旧信息。

上面所讨论的四种情形，都是内部固有的某些因素让这些存在句表达上另有重点，即否定、限量、表断定、表词汇新信息，而存在命题、位置关系并不是这些存在句表达的最突显的部分，它们的新旧并不重要，促成动后容纳听者旧信息。

第五，当存在句动前处所成分为焦点所在时[①]。9例与此因素

[①] Ward 和 Birner 及在他们之前的 Lumsden 等人，认为这类存在句，例子动后名词性成分所指是旧类当中的新例，即词汇旧信息（旧概念实体）指称新信息（新实际实体）。不过，这不符合一般的语感且这种分析只适合例（13）类句子，例（14）中的动后成分为无指或虚指的成分，很难归入旧类新例当中。8例中有4例动后为旧类新例，若视它们为听者新信息，那么动后为听者旧信息的例子为91例。参阅 Ward 和 Birner (1995：731-734)、Lumsden (1988：159-166)。

有关。例如：

(13) 他把电热毯放回去，含糊打个招呼，出了超市……最后，硬着头皮进了何利民的杂货店，<u>何利民的店里也有电热毯</u>。(温亚军：《地烟》，载《小说选刊》2009 年第 5 期，第 96 页)

(14) "你到哪儿去抓，<u>部队的大院里能有旱獭?</u>"……"<u>乌鲁木齐大街上能有旱獭吗?</u>"(温亚军：《地烟》，载《小说选刊》2009 年第 5 期，第 102 页)

例 (13) 中，"也"语义指向"何利民的店里"，是"超市有电热毯，何利民的店里也有电热毯"，而不是"何利民的店里有××，也有电热毯"，"何利民的店里"与超市类同，为对比项所在，是焦点所在。例 (14) 是反问句形式，存在句的前项回应"哪儿"，是焦点所在。这类例子正是强调位置关系，从而使得存在命题处在预设当中，不是突显的内容，存在句动后可以容纳听者旧信息。

第六，当存在句的焦点在状语位置上时。4 例与此因素有关。例如：

(15) 天冷，<u>学校里明明有煤</u>，没人去取。(林希：《岁月如诗》，载《小说选刊》2009 年第 5 期，第 27 页)

例 (15) 中焦点在语气副词"明明"上，位置关系是旧信息。另外例 (1) 中的"药店门外大清早就齐刷刷地站满了那帮泼皮"，焦点算子"就"标明"大清早"为焦点所在，位置关系是新信息。这类焦点在动前状语位置上的存在句，存在命题、位置关系都在预设当中，不是句子突显的部分，它们的新旧不影响句子的成立，这使得动后容纳听者旧信息。

第七，当存在句为一般疑问句时。5 例与此因素有关。例如：

（16）一个偶然机会，在自己床下发现一本书。奇怪，床下怎么出来书了？（林希：《岁月如诗》，载《小说选刊》2009 年第 5 期，第 12 页）

（17）马克对本族爷爷说："这四十亩田我不要了……"啊？世上有这样的事？四十亩良田说不要就不要了？（林希：《岁月如诗》，载《小说选刊》2009 年第 5 期，第 15 页）

上面的例子，动后成分"书""这样的事"，前文已提及，为听者旧信息，两例中的位置关系都是旧信息。这些例子全句的焦点在疑问点上，存在命题、位置关系在预设当中，不是句子突显的内容，促成动后容纳听者旧信息。

第五、第六、第七这三种情况，是焦点因素导致存在命题、位置关系都处于预设当中，促成动后容纳听者旧信息。

第八，当存在句处于表示背景或预设的从句或偏句中时。12 例与此因素有关。例见例（2）（4）中的"胡同里一旦飘出那特有的香味""（自从）桑那镇出现超市"。它们的动后成分"那特有的香味"刚提及，"超市"则在前文已多次出现，为听者旧信息，这两例的位置关系也是旧信息。由于整个存在句处在表示背景的偏句当中，存在命题、位置关系，不是表达的突显内容，促成动后容纳听者旧信息。再补充一例如下：

（18）那晚，我睡在热炕上，莫姜睡在小床上……猛然想起房内还有一个莫姜，就朝外屋床上看。（叶广芩：《豆汁记》，载《小说选刊》2009 年第 5 期，第 65 页）

此例中存在句为宾语从句，其动后成分"一个莫姜"为听者旧信息，位置关系也是旧信息。因存在句表达的明显是背景知识，全句的强调点是主句,存在命题、位置关系不是表达的突显内容,因此动后容纳听者旧信息。Huang(1987)也曾提到,若存在句为不表示断言的偏句或从句,就不存在定指效应。

第九,即便没有其他因素影响,当话题安排需要时,存在句动后也可容纳听者旧信息。10例与此因素有关①。例如:

(19)朱明明跟着小曼来到厨房……见女儿进来,后面跟着朱明明……(温亚军:《地烟》,载《小说选刊》2009年第5期,第89页)

(20)还剩三四张饺子皮时,小曼忙碌的手忽然停住,<u>心里掠过那碗朱明明吃的炒搅团</u>,她眉头紧了一下。(温亚军:《地烟》,载《小说选刊》2009年第5期,第94页)

例(19)中,"见"后句子的话题是"女儿","朱明明"放在存在句动后,位置关系是旧信息。例(20)中,"小曼"为全句话题,受此因素影响,后面用"心里"充当话题,前面已提及的"那碗朱明明吃的炒搅团"放在存在句的动后,位置关系是新信息。这两例都没有别的因素起作用,纯粹是由于话题安排的需要,而不管存在命题,甚至位置关系的新旧,使得存在句动后容纳听者旧信息。

第八、第九这两种情况,都是更大语境中的某些因素,使得存在命题甚至位置关系不是表达的突显内容,从而促成动后容纳听者旧信息。95例中还有1例,似是对存在动词的强调,跟前面的例子都不一样。例如:

---

① 话题安排在表达上的特异性不突出,而话题安排这一因素又很容易与其他因素同现,同现时,其他因素的作用显得更突出,因此这里只计量仅与话题安排因素相关的例子数。

(21) 王友也曾经忘记了一些历史，他丢失了他一生中接过来的第一张名片，但是在他保存的名片簿里，却是有第一张名片的。（范小青：《我在哪里失去了你》，载《小说选刊》2009年第5期，第39页）

这一例，从句义来看，"是"应轻读，是焦点标记，焦点应在"有"上，是对动后成分所指存在的强调。也许是有了标记标明，所以即便强调已存在实体的存在，也能容忍。

上述促成存在句动后容纳听者旧信息的因素还可同现。如"脸上从额头到左颊有一道长长的疤痕……即便脸上没有疤痕，也说不上好看"（《小说选刊》2009年第5期，第62—63页）中，存在句动后为听者旧信息既与否定有关，也与存在句处于偏句相关。这使得与每一种因素相关的实例数加起来超过95例。另外，上述种种因素可能还不是促成存在句动后容纳听者旧信息因素的全部。至少还有一种导致提醒这种会话含义的情况，也会促成动后容纳听者旧信息。例如：

(22) 你回去上班吧，这里有我呢。（滕肖澜：《倾国倾城》，载《小说选刊》2009年第5期，第103页）

例中的存在句是小说中一个人物对另一个人物说的话，对于听者而言，这里的动后成分"我"是听者旧信息，存在命题是旧信息，导致产生提醒的会话含义，这种会话含义是表达的重点。反过来，会话含义是表达重点，存在命题甚至位置关系就不是表达的突显内容，于是动后可容纳听者旧信息。这里动后听者旧信息与提醒的会话含义相互促成。

前面所列存在句动后为听者旧信息的种种情况，存在命题、位置关系或者处于预设当中，不是句子的断言部分，或者虽在断言当中，却不是句子要传达的核心意思，句子另有表达的重点，比如着重传达限量、断定、对比含义，或者着重传达提醒等会话含义，或者体现特定话题安排等。总之，一些存在句，其存在命题、位置关系不是表达的突显内容，它们的新旧不影响存在句的成立，促成这些存在句动后可容纳听者旧信息。这一部分的讨论也让我们看到，除非强调位置关系，否则它与存在句动后容纳听者旧信息无关。

四、结语

一些存在句，存在命题、位置关系不是其表达的突显内容，存在命题、位置关系的新旧不影响句子的成立，这才是它们动后可容纳听者旧信息的根本原因。位置关系，除非强调，一般与存在句动后容纳听者旧信息无关。对上述结论更准确的概括是，一些存在句存在命题不是其表达的突显内容，存在命题的新旧不影响句子的成立，它们的动后可以是听者旧信息。

我们的研究结果支持 Abbott（1997）的观点。Abbott（1997）不认同 Ward 和 Birner（1995）关于存在句动后必须为听者新信息的要求，也不认可他们关于存在句动后的听者旧信息被包装成了听者新信息的观点。Abbott（1997）认为存在句动后可以是听者旧信息，不过此时的存在句是语境化的存在句（contextualized existential）。Abbott（1997）没能说明语境化的具体情况，本章第三部分的讨论则给出了详尽的实例分析。从汉语来看，这个语境化的存在句就是表达上有特定作用的存在句。这个特定的表达作用，使得存在命题包括位置关系都不是存在句表达的突显内容，从而促成动后容纳听者旧信息。

存在句表达的核心语义是存在命题，位置关系是第二层命题。英语等一些语言中，存在句的处所成分可以是一个虚义代词，提供了形式上的证明。处所成分为虚义代词时，存在主体和处所成分的位置关系并不突显。从信息结构来看，Lambrecht（2000）的研究表明，存在句中"V+NP"是句子焦点结构，即便它处于述题位置［LaPolla（罗仁地）和 Poa（潘露莉），2005：47-63］，形式上的表现是，汉语中即便 NP 是施事也得置于宾语位置上。"V + NP"是句子焦点结构，它表达的存在命题必须是新信息，除非某些因素使得存在命题不是突显的内容。新位置关系并不要求存在命题一定是新信息，除非强调位置关系，新位置关系也不能使存在命题不是存在句的突显内容。这就是除非强调位置关系，否则它与存在句动后容纳听者旧信息无关的原因。

从信息结构的角度，可以对第三部分所列存在句动后为听者旧信息的各种情形做进一步的概括。除第八、第九两种情形外，其余的情形其实都是存在句呈现窄焦点，焦点是存在句的某个特定成分，而不是表达存在命题的"V + NP"。第五、第六、第七这三种情形焦点分别在处所成分、状语或疑问句的疑问点上。第一、第二、第三、第四这四种情形：除非某些因素导致焦点改变、存在句为否定句，焦点一般是否定对象；当存在句着重计量时，焦点是计量对象或其量；存在句表主观断定时，焦点一般是"是"后的成分（何文彬，2012：38 - 49）；动后成分提供词汇新信息时，焦点一般是这些提供词汇新信息的成分。例（21）"是"标明焦点是其后的动词。焦点不是表达存在命题的"V + NP"，这意味着存在命题处于与焦点对立的语用预设中，可以是旧信息，因此动后可容纳听者旧信息。话题安排导致动后为听者旧信息的第九种情形，背后可能也是此类存在句为窄焦点，焦点是某个特定成分。如果此结论成立，那么除存在句处于偏句或从句的第八种情形外，存在句动后为听者旧信息的其他种种情形，都是因为存在命题不是焦点，可以是旧信息。否定、限量、表主观断定、表提醒等种种情形，包括本研究未提及的事实，都只是焦点是存在句某个特定成分的外在表现。李虹（2015：138 - 142）也用焦点和预设来解释存在句动后可以是听者旧信息的情况，但她只认为，焦点为动后成分时，动后才可以是听者旧信息，而且没有说明背后的机制。

第八章　存在句动后名词性成分的分布与信息状态

本章基于陈平（1987）名词性成分的基本词汇形式分类观点，讨论存在句动后不同形式类名词性成分的数量分布与其信息状态的关系。

一、存在句动后名词性成分的形式类别与其数量分布

陈平（1987）把名词性成分的基本词汇形式分为以下 8 种类型：

人称代词　这+（量词）+名词　　那+（量词）+名词　专有名词
通名　　　数量+（量词）+名词　一+（量词）+名词　量词+名词

人称代词在使用中除少数无指用法外，总是定指的。"这+（量词）+名词""那+（量词）+名词"在使用中也一般是定指的，其中的"这+（量词）""那+（量词）"与有定限定词的功能类似。专有名词本身就是表示定指的。通名包括带修饰语的通名①，是光杆名词性形式，在动词前使用时，通常是定指的，像是赋予了一个有定限定词，在动词后使用时，通常是不定指的，像是赋予了一个

---

① 这里的修饰语指的是不像有定、无定限定词的修饰语。当然有定、无定限定词只是比照英语的说法，汉语中并无有定、无定的形式标记。存在句动后"数量名""（修饰语+）通名"都可能是定指的。但这些类似限定词的成分与一般修饰语的确不同，它们限定名词时，其后不可出现"的"，而一般修饰语和名词之间则可出现"的"。

无定限定词。"数量+(量词)+名词""一+(量词)+名词""量词+名词"在使用中通常是不定指的,其中的"数量+(量词)""一+(量词)""量词"与无定限定词类似。

本章讨论存在句动后为这 8 种名词性成分时它们的分布与其信息状态的关系。由于通名和带修饰语的通名都是光杆形式,可自由自在地受"这+(量词)""那+(量词)""数量+(量词)""一+(量词)""量词"这些类似限定词的成分限定,所以这里的"通名""名词"中包括带修饰语的情况。另外,"数量+(量词)+名词""一+(量词)+名词""量词+名词"其实都是"数量名"的变体,所以可以将它们合并为"数量名"。这样,本章讨论的对象可概括为四类定指形式和两类在存在句动后通常不定指的形式——"(修饰语+)通名"和"数量名"。

根据我们的统计,《小说选刊》2009 年第 4—9 期中可描述为"Loc + V + NP"(Loc 为方所成分,可为零形式,V 为动词,NP 为动后名词性成分)的全部 3035 例存在句中,动后为上述六类形式名词性成分的共 2791 例,占全部例子的 92.0%。这 2791 例的具体分布如表 8-1 所示:

表 8-1 例句分布情况

形式	人称代词	这+(量词)+名词	那+(量词)+名词	专有名词	(修饰语+)通名	数量名
数量	8	12	18	39	1478	1236

一般认为,存在句动后出现定指的名词性成分会受到限制,这便是所谓的定指效应。所以存在句动后绝大多数为通常不定指的"数量名"和"(修饰语+)通名"。不过,定指效应在一定的条件下还是可以违背的,在上述语料中有 77 例动后名词性成分属于上述四类定指形式,而且是不同类的形式,分布也有差异。由于这几类名词性成分在存在句动后总是定指的,所以定指本身不是造成它

们分布差异的原因。那造成它们分布差异的原因究竟是什么呢？解决这个问题便是本章的重点，并由此延及对"数量名"和"（修饰语+）通名"分布的讨论。

二、名词性成分信息状态的类别

名词性成分的信息状态，就是名词性成分的所指对于听者而言是已知的还是新知的，不过，这里的已知或新知是言者对听者认知状态的评估。通常情况下，言者假定首次引入话语的实体对于听者而言是新实体，除非听者能从交际语境、间接推理识别表达式的所指；非首次引入的实体，交际者的认知状态一般是一致的，言者以自己的认知状态来评估听者的认知状态（石艳华，2014：38）。信息状态是已知还是新知有个程度问题，据此可将其细分为不同的类别，这方面前人做的研究不少，知名的分类如 Chafe（1976）、Prince（1981，1992）、Gundel 等（1993），最近的研究有 Baumann 和 Riester（2012）等。本研究暂用 Gundel 等（1993）的类别来描述存在句动后名词性成分的信息状态。Gundel 等（1993：275）把名词性成分的信息状态分成六类，并认为它们构成了下面这个已知性等级（givenness hierarchy）：

焦点的（in focus）＞激活的（activated）＞熟悉的（familiar）＞唯一可识别的（uniquely identifiable）＞指称实际实体的（referential）＞类可识别的（type identifiable）

所谓"焦点的"，即名词性成分的所指不仅处于短时记忆中且为现时注意力的中心，是注意的焦点（为叙述方便，下文用符号 INF 表示）。就存在句动后是定指形式的例子而言，主要有以下几种情况：一是其所指是谈论的主话题，二是其所指是前一句或主句的主语或话题，三是其所指被专门提到了存在句前。例如：

（1）莫姜不善言语，一天也说不上几句话，父亲让她在"在厨房干"，她就总在厨房里待着，院里屋内根本看不到她的影子，好像我们家里就没有这个人，不像前一个女仆刘妈。（叶广芩：《豆汁记》，载《小说选刊》2009年第5期，第65页）

（2）炒麻豆腐的味道往往传得很远，胡同里一旦飘出那特有的香味，人们便知道……（叶广芩：《豆汁记》，载《小说选刊》2009年第5期，第72页）

（3）圣徒，教堂……惶向多了这些东西，我们混饭吃就越来越难了。（矫健：《圣徒》，载《小说选刊》2009年第4期，第60页）

例（1）中"莫姜"是这一段话谈论的主话题①，当然是注意力中心，故指称她的"这个人"，其信息状态是INF。例（2）中"那特有的香味"的所指是前一小句主语，自然是注意力中心，其信息状态应是INF。例（3）中"这些东西"回指存在句前面刚提及的"圣徒，教堂……"，自然也是注意力中心，其信息状态是INF。

所谓"激活的"，即名词性成分的所指仅处于短时记忆中。我们考察的语料中的例子涉及的主要是前面不远处的话语已提及但又不是注意力中心或已退出注意力中心的实体（下文用符号ACT表示）。若考虑到文中角色的视点，这一信息状态也可以是源自言外语境。因激活的与熟悉的信息状态界限模糊，本研究采取一个人为规定的方式处理，即以其前5个小句为限②，5个小句内提及过的非焦点实体就是激活的，5个小句之外提及过的实体就视为熟悉

---

① 本研究视话题为篇章语用概念，而非结构概念，不一定要出现在主语位置。
② 本研究小句的区分暂以标点符号隔开为标准，没有采用"篇章小句"的做法（徐赳赳，2003：57-74），只是为了直觉上容易辨认。

的。这种做法一是借鉴了 Baumann 和 Riester（2012）把 5 个信息单位或小句之前提及的旧实体与之内提及的处理成不同的信息状态；二是被 Gundel 等（1993）以及 Shi（1998）视为其信息状态一般至少是激活的"人称代词""这+（量词）+名词"，通常在其前 5 个小句内被提及。当然，这种界定是人为的，具有任意性、主观性，这是信息状态分类最大的不足之处。例如：

（4）朱明明跟着小曼来到厨房。过年还剩下肉馅，顾远山正在厨房笨手笨脚地择菜洗菜，见女儿进来，<u>后面跟着朱明明</u>，他知趣地……（温亚军：《地烟》，载《小说选刊》2009 年第 5 期，第 89 页）

（5）蒋莹醒了。崔海要给她削苹果，她板着脸说不要。苏圆圆让他先走。"你回去上班吧，<u>这儿有我呢</u>。让我们姐妹俩聊聊。"（滕肖澜：《倾国倾城》，载《小说选刊》2009 年第 4 期，第 103 页）

例（4）中，"朱明明"在前文 5 个小句内被提及，后文的主要话题人物已变，"朱明明"已不是注意力中心，其信息状态应判定为 ACT。例（5）中的存在句是苏圆圆说的话，直接引语变换了视点，"这儿有我呢"中的"我"不是前一句的主语，也不是引语部分的主话题，其信息状态应是 ACT。同时，这一句话是文中苏圆圆对崔海说的，对于崔海来说，苏圆圆是言者，在言语场景中存在，但不是处于崔海注意力的中心，这句话的提醒意味可以证明这一点，从文中听者角色蒋海来看，"我"的信息状态也应是 ACT，这个 ACT 状态源自言外语境[①]。

所谓"熟悉的"，即名词性成分的所指因听者记忆中有其表征

[①] 直接引语反映的是说话者的视点，它的听者也是文中角色，不是读者。视点因素会影响小说作者对名词性成分信息状态和指称的安排。参看本书第六章的讨论。

而能被听者识别，也就是说，言者预料听者能把名词性成分的所指与记忆中的某个实体等同起来，该实体就是"熟悉的"（下文用符号 FAM 表示）。主要有三种情况：一是该指称物属于一般常识而为人所知，二是由已知实体可明确推知的实体，三是 5 个小句之前提及了该指称物。例如：

（6）潲桶仔十八岁那年，闹起了文化大革命。（肖建国：《短火》，载《小说选刊》2009 年第 5 期，第 110 页）

（7）美容师听了大林的介绍，说："要恢复从前的样子，费用可是不小，而且县里还没有这套技术。"（李蓬：《画家的容颜》，载《小说选刊》2009 年第 6 期，第 120 页）

（8）猫公岭往东，几里路外就是张家煤矿。（肖建国：《短火》，载《小说选刊》2009 年第 5 期，第 129 页）

例（6）中，"文化大革命"在小说中第一次出现，但其所指于中国一般的读者而言，都了解，所以其信息状态应是 FAM。例（7）中，"这套技术"的所指，应可从"恢复从前的样子"这一事件明确推知，因为"恢复从前的样子"肯定包含相关的美容技术，所以它的信息状态也应是 FAM。例（8）中，"张家煤矿"在小说中 10 多个页码前的地方多次出现，现在重新提及，其信息状态由激活时衰减到现在，应是 FAM。

所谓"唯一可识别的"，即名词性成分的所指首次提及，但听者仅凭名词性成分本身就能确定言者所意指的指称物，能够将它与同一语境中可能存在的其他同类实体区别开来（下文用符号 UNI 表示）。例如：

（9）吉普的副驾驶位置上坐着迪米特里·杨科，后排……（陈河：《黑白电影里的城市》，载《小说选刊》2009 年第 6 期，第 131 页）

(10) 福州有冶山，<u>冶山下有欧冶池</u>。（林那北：《风火墙》，载《小说选刊》2009 年第 9 期，第 87 页）

例（9）（10）中的"迪米特里·杨科""欧冶池"是专有名词，在小说中是第一次提及，但它们所指是唯一，据其可确定其所指，其信息状态应是 UNI。

所谓"指称实际实体的"，即名词性成分的所指首次提及，它是言者意指的特定实体，于听者而言是一个不能识别的实体，所指状态相当于陈平（1987）的不定实指（下文用符号 REF 表示）。如存在句动后的名词性成分不是定指的，其信息状态绝大多数是 REF。例如：

(11) <u>这时华秘书旁边有一个人</u>，也是渠鹏的下属。（王庆利：《找驴》，载《小说选刊》2009 年第 7 期，第 137 页）

此例中的"一个人"，言者用它意指一个听者不能识别的特定新实体，其信息状态是 REF。

所谓"类可识别的"，即听者仅能处理名词性成分所涉实体类的表征，此时它们的信息状态就是类可识别的，其所指状态相当于陈平（1987）的虚指和无指，这是使用名词性成分的最低要求（下文用符号 TYP 表示）。存在句动后名词性成分信息状态为 TYP 的，往往是表示比喻、疑问、否定、假设等情况的。例如：

(12) 喜子，你若看见<u>前面有家伙</u>，你就往回跑啊。（陈应松：《巨兽》，载《小说选刊》2009 年第 6 期，第 35 页）

此例中的"家伙"，言者并不指称特定的实体，整个存在句处于假设的语境中，其信息状态是 TYP。

按 Prince（1992）的理论，INF、ACT、FAM 三种信息状态可

归为听者旧信息,即言者认为名词性成分的所指为听者已知的,UNI、REF、TYP 三种信息状态可归为听者新信息,即言者认为名词性成分的所指为听者新知的。

三、存在句动后四类定指形式的数量与信息状态分布

前面已经提到,存在句动后名词性成分的分布与其信息状态相关,下面就先来看一下四类一般表示定指的名词性成分在我们考察的语料中的数量分布及其信息状态的情况。

"人称代词" 8 例,其中 4 例的信息状态明确为 INF［见例(13)］,4 例为 ACT［见例(5)］。

(13) 四五岁的时候,不小心掉到河里去了,幸好一个解放军路过,把我救了起来。要不然,现在就没我了。(滕肖澜:《倾国倾城》,载《小说选刊》2009 年第 4 期,第 100 页)

例(13)这段话的话题人物是"我",虽然中间有"一个解放军"插入,但"我"仍然是主话题人物,所以存在句中"我"的信息状态是 INF。不过,有时插入了别的实体,会导致某个成分的信息状态比较难以判定究竟是 INF 还是 ACT。例如:

(14) 他坚信王春麦对他也是有那么些意思的,要不然她就不会用那种偷偷摸摸的眼神来斜乜自己了。他知道这种斜乜的目光是啥意思——她的心里也有他。(王新军:《少年的戈壁》,载《小说选刊》2009 年第 8 期,第 98 页)

例(14)存在句中"他"的所指不是前面小句的主语,但它是主句的主语,其信息状态我们归为了 ACT,但似乎归为 INF 也是可以的。也就是说,个别时候信息状态 ACT 和 INF 不易区分,在讨论存在句动后的"数量名"和"(修饰语+)通名"时,由于这

两类信息状态的分布对结论没有什么影响，本研究就把这两类合并在一起了。

"这+（量词）+名词"12例，其中4例的信息状态是INF［见例（1）（3）］，6例是ACT［见例（15）］，1例是FAM［见例（7）］，1例是UNI［见例（16）］。

（15）老爷子从衣袋里掏出几粒酥籽，爽快地说："这好办，这小东西其实只认食，不认人，最是有奶便是娘了。<u>你手里要是有了这麻酥籽</u>，它能立马围着你头顶飞。"（孙春平：《鸟人》，载《小说选刊》2009年第8期，第20页）

（16）其实<u>在这沉寂了千年的黑戈壁上</u>，根本就没有路，要不是<u>有这条刚刚贯通的通讯光缆沟</u>，像道长长的伤疤直直地朝前爬着，老解放怕是连个方向也没有。（王新军：《少年的戈壁》，载《小说选刊》2009年第8期，第96页）

例（15）中，"这麻酥籽"在前5个小句内被提及，但不是当前谈论的话题，存在句处于直接引语当中，谈论的话题是"这小东西"，"这麻酥籽"的信息状态应是ACT。如果考虑角色视点，"这麻酥籽"的所指对于文中听者而言，当前面老爷子"掏出几粒酥籽"时，应已是被听者注意到的言外语境中的物体，所以当他再听到"你手里要是有了这麻酥籽"时，"这麻酥籽"的信息状态从言外语境看也应是ACT。例（16）中"这条刚刚贯通的通讯光缆沟"前文并未提及，信息状态是UNI。用"这+量词+名词"的形式表示例（16）中UNI这种信息状态或例（7）中FAM这种信息状态，是极少见的。

"那+（量词）+名词"18例，其中3例的信息状态是INF［见例（2）］。另外15例的情况是：3例是ACT，10例是FAM，2例是UNI。各举1例如下：

(17) 蒿草揉揉眼，再去看那诱人的白时，那白已变成了一团晃着的红。蒿草丢了魂，<u>满脑子都是那团白</u>。（召唤：《芦花白，芦花飞》，载《小说选刊》2009 年第 8 期，第 152 页）

(18) 还剩三四张饺子皮时，小曼忙碌的手忽然停住，<u>心里掠过那碗朱明明吃的炒搅团</u>。（温亚军：《地烟》，载《小说选刊》2009 年第 5 期，第 94 页）

(19) <u>女人的半边脸上始终都是那种铁锈一般的暗红色</u>。（徐岩：《鼠浪岛》，载《小说选刊》2009 年第 9 期，第 92 页）

例（17）中"那团白"的所指，在前 5 个小句内出现过，这里主话题人物是"蒿草"，他也是前一句的主语，所以"那团白"的信息状态不是 INF，应是 ACT。例（18）中"那碗朱明明吃的炒搅团"，其所指在几个页码之前出现过，故其信息状态是 FAM。例（19）中"那种铁锈一般的暗红色"是一种类指，在文中是第一次被提及，故其信息状态应是 UNI。

"专有名词"39 例，其中 2 例的信息状态是 INF，9 例是 ACT［见例（4）］，17 例是 FAM［见例（6）(8)］，11 例是 UNI［见例（9）(10)］。下面补举信息状态是 INF 的 1 例。

(20) 马岩海无数次地打退堂鼓……到后来，马岩海发现，<u>似乎她的身边只剩下了马岩海了</u>。（亚英秀：《纸飞机》，载《小说选刊》2009 年第 9 期，第 111 页）

例（20）中存在句动后的"马岩海"是这一段话的主话题，又是主句的主语，故其信息状态是 INF。

总的来看，四类在存在句动后总是定指的名词性形式，其信息状态分布情况如表 8-2 所示：

表8-2 四类定指形式的信息状态分布（1）

	焦点的（INF）	激活的（ACT）	熟悉的（FAM）	唯一可识别的（UNI）	总计
人称代词	4（50%）	4（50%）	0	0	8（100%）
这+（量词）+名词	4（33.3%）	6（50%）	1（8.3%）	1（8.3%）	12（100%）
那+（量词）+名词	3（16.7%）	3（16.7%）	10（55.6%）	2（11.1%）	18（100%）
专有名词	2（5.1%）	9（23.1%）	17（43.6%）	11（28.2%）	39（100%）

由上表的统计数据来看：第一，存在句动后的"人称代词"表示INF和ACT的信息状态。第二，"这+（量词）+名词"也主要是表示INF和ACT的信息状态，但与"人称代词"相比，表示INF的比例降低了，同时也出现了表示FAM和UNI信息状态的情况，这表明"这+（量词）+名词"比"人称代词"更能表达新一些的信息状态。第三，"那+（量词）+名词"表示INF和ACT信息状态的比例相比"这+（量词）+名词"明显降低，表示FAM信息状态的比例明显增加，而且表示UNI信息状态的比例也增加了，这表明"那+（量词）+名词"比"这+（量词）+名词"更能表达新一些的信息状态。第四，"专有名词"与"那+（量词）+名词"相比，表示FAM信息状态的比例低一些，表示UNI信息状态的比例则明显高得多，这表明它比"那+（量词）+名词"更能表达新一些的信息状态。第五，"人称代词""这+（量词）+名词""那+（量词）+名词""专有名词"表示新一些信息状态的能力依次增强，它们在存在句动后的数量分布也依次增多。

上文的讨论较为细致，但存在的问题是语料数量太少。为此，我们扩大了语料范围,对另外 16 本《小说选刊》(2005 年第 9、第 12 期,2011 年第 3 期至 2012 年第 4 期)进行了穷尽性查找,共得动后为上述四类定指形式的存在句 226 例。加上原有的 77 例,这 303 例中四类定指形式的信息状态分布如表 8-3 所示:

表 8-3　四类定指形式的信息状态分布(2)

	焦点的 (INF)	激活的 (ACT)	熟悉的 (FAM)	唯一可 识别的 (UNI)	总计
人称代词	23 (65.7%)	10 (28.6%)	2 (5.7%)	0	35 (100%)
这+(量词)+ 名词	13 (31.0%)	26 (61.9%)	2 (4.8%)	1 (2.3%)	42 (100%)
那+(量词)+ 名词	4 (4.7%)	14 (16.5%)	57 (67.1%)	10 (11.7%)	85 (100%)
专有名词	6 (4.3%)	34 (24.1%)	72 (51.1%)	29 (20.5%)	141 (100%)

　　从上表的统计数据来看,其统计结果与表 8-2 对少量例子的统计结果基本一致。而且"人称代词""这+(量词)+名词""那+(量词)+名词""专有名词"表示新一些信息状态的能力依次增强的线索更为清晰。"人称代词"主要是表示 INF 信息状态的,"这+(量词)+名词"主要表示 ACT 信息状态,"那+(量词)+名词"主要是表示 FAM 信息状态的,专有名词仍主要表示 FAM 信息状态,但比例比"那+(量词)+名词"低很多,而它表示 UNI 信息状态的比例比"那+(量词)+名词"高很多。从这里也可看出,"人称代词、这+(量词)+名词、那+(量词)+名词、专有名词"这个序列中,随着数量分布依次增加,它们与已知性等级中新一些的信息状态的相关度也在依次增强。

四、存在句动后"数量名"和"(修饰语+) 通名"的数量与信息状态分布

在我们考察的语料中,上述两类表示不定指的名词性成分的数量分别是1236例和1478例①,各自占全部例子的比例为40.7%和48.7%,"数量名"比"(修饰语+) 通名"少一些。前面讨论所得到的结论是否适用于它们呢?答案是肯定的。下面先从表8-4看看它们的信息状态分布情况。

表8-4 "数量名"和"(修饰语+) 通名"的信息状态分布

	听者旧信息		听者新信息			总计
	焦点的和激活的(INF和ACT)	熟悉的(FAM)	唯一可识别的(UNI)	指称实际实体的(REF)	类可识别的(TYP)	
数量名	35 (2.8%)	34 (2.8%)	35 (2.8%)	1022 (82.7%)	110 (8.9%)	1236 (100%)
(修饰语+) 通名	113 (7.6%)	133 (9.0%)	64 (4.3%)	913 (61.8%)	255 (17.3%)	1478 (100%)

从上表的统计数据来看,"数量名"表示REF信息状态的比例占全部"数量名"的例子的82.7%,说明"数量名"主要是表示REF信息状态的。"(修饰语+) 通名"表示REF信息状态的比例占全部"(修饰语+) 通名"例子的61.8%,比"数量名"少一些,但也主要表示REF信息状态,同时"(修饰语+) 通名"表达TYP信息状态的比例为17.3%,比"数量名"的8.9%差不多高一

---

① 存在句动后"数量名"和"(修饰语+) 通名",其信息状态为INF、ACT、FAM甚至UNI时,与它们的数量分布无关,而REF、TYP这两类信息状态是比较容易判定的,故后面不再举具体的实例。

倍。在数量分布上,"(修饰语+)通名"比"数量名"也多一些。也就是说,"(修饰语+)通名"比"数量名"更倾向于表示新一些的信息状态。这表明,当存在句动后为"数量名"和"(修饰语+)通名"时,谁更能表达新一些的信息状态,谁的数量分布就更多一些。而且,这两类在存在句动后分布最多的名词性形式,其分布也与上述已知性等级中最右边、新的程度最高的信息状态 REF 和 TYP 最相关。反面的证据是,"(修饰语+)通名"表达听者旧信息甚至 UNI 信息状态的能力比"数量名"更强一些,"(修饰语+)通名"表示听者旧信息的比例为 16.7%,如果再包括表示 UNI 信息状态的比例,共为 21.1%,而"数量名"表示听者旧信息的比例为 5.6%,如果再包括表示 UNI 信息状态的比例,共为 8.4%,但这不影响这两类形式的数量分布。①

"(修饰语+)通名"次类的数量和信息状态分布情况可进一步证实上述结论。"通名"前面的修饰语有两类,一是领有修饰语,一是属性修饰语。据此"(修饰语+)通名"可分成"领有修饰语+通名""属性修饰语+通名""通名"三个次类,这三个次类的信息状态分布情况如表 8-5 所示:

---

① 存在句动后的"数量名"和"(修饰语+)通名"的分布与其指称状态也不相关。1236 例"数量名"中,定指的比例为 7.0%,共 87 例,不定指的比例为 93.0%,共 1149 例。1478 例"(修饰语+)通名"中,定指的比例为 15.8%,共 233 例,不定指的比例为 84.2%,共 1245 例。而"数量名"的数量反而比"(修饰语+)通名"少。

表8-5 "(修饰语+)通名"三个次类的信息状态分布

	听者旧信息		听者新信息			总计
	焦点的和激活的(INF和ACT)	熟悉的(FAM)	唯一可识别的(UNI)	指称实际实体的(REF)	类可识别的(TYP)	
领有修饰语+通名	11 (8.1%)	33 (24.3%)	20 (14.7%)	60 (44.1%)	12 (8.8%)	136 (100%)
属性修饰语+通名	18 (3.1%)	38 (6.5%)	31 (5.3%)	426 (72.8%)	72 (12.3%)	585 (100%)
通名	84 (11.1%)	62 (8.2%)	13 (1.7%)	427 (56.4%)	171 (22.6%)	757 (100%)

"属性修饰语+通名"与"通名"性质最为接近，是典型的光杆名词性形式。从上表的统计数据来看，"通名"表示REF信息状态的比例为56.4%，比"属性修饰语+通名"的72.8%低一些，同时其表示TYP信息状态的比例是22.6%，比"属性修饰语+通名"的12.3%差不多高一倍。在数量分布上，"通名"比"属性修饰语+通名"也多一些。也就是说，在表达听者新信息上，"通名"比"属性修饰语+通名"更倾向于表达新一些的信息状态，而且这两类形式的分布，也与已知性等级最右边、新的程度最高的REF和TYP最相关。此外，"通名"表示听者旧信息的能力比"属性修饰语+通名"更强一些，"通名"表示听者旧信息的比例为19.3%，"属性修饰语+通名"表示听者旧信息的比例为9.6%，同样，这也不影响这两类形式的数量分布。

"领有修饰语+通名"比较特殊，从它的数量分布可以看到这一点。它只有136例，比"属性修饰语+通名"的585例、"通名"的757例少得多。从信息状态来看，它表示INF、ACT、FAM、UNI这些信息状态的比例为47.1%，表示REF、TYP信息状态的比例为

52.9%，两者大致对半开，与"属性修饰语+通名""通名"主要表示 REF、TYP 信息状态不一样。为什么"领有修饰语+通名"的表现与"属性修饰语+通名""通名"大不一样呢？原因在于领有修饰语。在很多语言中，只要带有领有修饰语，整个名词性成分就是定指的，比如英语就是这样的语言。在英语中，领有修饰语跟有定限定词是一样的。汉语虽不是这样的语言，但领有修饰语本身往往是定指的，"领有修饰语+通名"很多时候也是定指的，所以它更倾向于表示听者旧信息，甚至是 UNI。在存在句的动后成分中，"领有修饰语+通名"可表达 REF、TYP 这类信息状态，在数量分布上，它也比"专有名词"多。但它算不上是主要表示 REF、TYP 信息状态的，所以它的数量比"属性修饰语+通名""通名"少得多。

如果把两类不定指名词性成分——包括"（修饰语+）通名"的次类——的信息状态的分布情况与上述四类定指名词性成分的信息状态的分布情况进行比较合并，可以得到以下两个序列：

A. 人称代词＜这+（量词）+名词＜那+（量词）+名词＜专有名词＜数量名＜（修饰语+）通名

B. 人称代词＜这+（量词）+名词＜那+（量词）+名词＜专有名词＜领有修饰语+通名＜属性修饰语+通名＜通名

这两个序列中，"＜"既可以是"表示新一些信息状态的能力弱于"，也可以表示"在存在句动后的数量分布小于"的意思，这意味着存在句动后不同形式类名词性成分的数量分布完全是由表示新一些信息状态的能力决定的。表示旧一些信息状态能力越强的名词性成分，出现在存在句动后的几率越低；表示新一些信息状态能力越强的名词性成分，出现在存在句动后的几率越高。这两个序列中，由左向右的名词性成分与已知性等级中由左向右的信息状态类别的相关度也依次增强，呈现某种对应关系。

五、问题与讨论

由上述分析可以看出，存在句动后的四类定指形式构成一个表示新一些信息状态的能力依次增强的序列：人称代词 < 这 +（量词）+ 名词 < 那 +（量词）+ 名词 < 专有名词。这一序列在某种程度上符合 Ariel（1990）的可及性标记等级的预测（详见本书第二章）。

本研究考察的语料中的"人称代词"相当于可及性标记等级中的"反身代词"和"代词"。因为只有 2 例"这 +（量词）"后的名词带修饰语，所以"这 +（量词）+ 名词"相当于可及性标记等级上的"近指代词限定的名词"，而"那 +（量词）+ 名词"则包括可及性标记等级中的"远指代词限定的名词""远指代词限定的带修饰语的名词"两项，"专有名词"相当于可及性等级中的"全名"。所以序列"人称代词 < 这 +（量词）+ 名词 < 那 +（量词）+ 名词 < 专有名词"相当于一个缩略版的可及性标记等级。而这种一致正印证了我们前面从信息状态分布得出的结论。

从这个可及性标记等级来看，"人称代词"和"这 +（量词）+ 名词"很邻近，这就可以解释为什么"人称代词"与"这 +（量词）+ 名词"数量差别不太大了。

从数据上看，"通名"比"属性修饰语 + 通名"更倾向于表示听者旧信息，原因可能在于"属性修饰语 + 通名"中属性修饰语提供了更多的描写信息，所以在表示听者旧信息时，其能力反而比"通名"差。而"（修饰语 +）通名"比"数量名"更倾向于表示听者旧信息甚至 UNI 信息，原因可能在于数量成分更像无定限定词，所以它比"（修饰语 +）通名"更倾向于表示听者新信息，而其表示听者旧信息的能力则弱一些。

关于上述解释，这几类形式在存在句动前的分布或许提供了很好的佐证。存在句动前成分主要是表示听者旧信息的，最多的是表示 FAM 这一信息状态的。动前成分（排除介词、方位词后）当中，数量最多的是"(修饰语+)通名",占全部例子的 70.2%,而"数量名"则极少。在"(修饰语+)通名"的次类中,"通名"的数量是"属性修饰语+通名"的三倍多(详见本书第九章)。这个数量差异,完全可以说明"通名"比"属性修饰语+通名"、"(修饰语+)通名"比"数量名"更能表达听者旧信息。

存在句动后的"数量名"和"(修饰语+)通名",虽然表达 TYP 信息状态的比例不是很高,前者为 8.9%,后者为 17.3%,但前面说过,这影响到了它们的数量分布。原因在于:其一,这两类形式在存在句动后主要是表示 REF、TYP 这两种新的程度高的信息状态的,所以谁更倾向于表示新的程度更高的 TYP,谁表示新一些信息状态的能力就更强一些。其二,我们通过观察发现,一般的宾语位置,相对于存在句宾语而言,"(修饰语+)通名"的比例比"数量名"的比例要高得多。原因是一般宾语表示信息状态为 TYP 的比例比存在句宾语高一些。存在句宾语,一般倾向于是个体化的实体,表示最多的是 REF 信息状态,而"数量名"比"(修饰语+)通名"更适合表示 REF 的信息状态,所以存在句宾语中"数量名"的比例相对于一般宾语,有所提高。但即便如此,存在句动后"(修饰语+)通名"的比例仍然比"数量名"高,仍然体现了表达 TYP 信息状态的能力对它们数量分布的影响。其三,在"(修饰语+)通名"的次类中,"属性修饰语+通名"由于提供了更多的描述信息,表示 TYP 信息状态比"通名"困难一些,所以数量也比"通名"少。

六、结语

存在句动后名词性成分的数量分布与其信息状态相关。表示旧一些信息状态能力越强的名词性成分,出现在存在句动后的几率越低;表示新一些信息状态能力越强的名词性成分,出现在存在句动后的几率越高。而且,在数量由少到多序列中的不同名词性形式,它们与 Gundel 等(1993)提出的已知性等级中新一些信息状态的相关度依次增强。这背后更深层的原因是，存在句表达的基本命题是动后名词性成分所指的存在，因此除非有其他因素影响，要求动后为新信息，否则会导致句子没有传达足够的信息量（Ward and Birner，1995）。存在句动后一般要求是新信息，这就促成了哪一类名词性形式表达新一些信息状态的能力强一些，哪一类的数量就多一些。存在句的定指效应实际上就是这一特征的附带体现。

Beaver、Francez 和 Levinson（2005）认为存在句动后不同类型名词性成分的数量分布与经典主语的属性相关，含经典主语的属性越多，越不易出现在存在句表示存在主体的位置上。但是经典主语的属性是个模糊概念，不容易描述，就汉语来看，从信息状态的角度考察会更合适。

存在句动后的名词性成分，除了前面讨论的形式，还有 244 例属于其他形式。它们有的是前带修饰语的四类定指形式、"数量名"，有的是"同位短语"，有的是"疑问代词/'任何'+名词"，有的是不同类成分的并列形式。但不管这些形式如何分布，都不影响我们前面的结论。

第九章　存在句动前成分的信息状态与类型分布

本章讨论存在句动前名词性成分的信息状态、类型分布以及它们之间的相互关系。

存在句动前成分语义上一般是表处所的。这个处所成分是否包括时间成分，有些争议（雷涛，1993；张学成，1982；储泽祥等，1997；王建军，2003；范晓，2007）。我们的意见是，有些存在句动前只能出现时间成分，如"从前有一个在海边打鱼的渔夫"，这些存在句动前的时间成分，如"从前"，就应该归到处所成分当中去。存在句动前的处所成分，形式上可以是一般名词性成分，如"文艺界又出现了一位有个性的天才"中的"文艺界"，也可以是介词短语，如"从大卧室传出电话铃声"中的"从大卧室"，甚至可以是谓词性成分，如"一进门，就是一个大屏风"中的"一进门"。本章仅讨论存在句动前的名词性成分，包括动前介词短语中介词后的名词性成分，但不包括动前谓词性成分中的名词性成分。

一、存在句动前名词性成分的类型及分布

存在句动前的成分，虽非施事，但具有话题性，且动前没有施事性成分充当主语，因此具有主语性。一些语言中，处所成分只能由名词性成分充当是一个间接的证明（Bresnan，1994）。汉语中的存在句，处所成分的主语性主要源于其话题性，所以可以是介词短语，但实际上这种情况极少见，我们的语料中动前处所成分为介词短语的实例仅占2%左右。

不考虑介词，仅从名词性成分上看，动前的处所成分主要由方

位词及方位词构成的短语充当,总共3041①例中,有1926例如此,占比63.3%。其他形式类名词性成分充当的动前处所成分为827例,占比27.2%。由零形式充当的动前处所成分有288例,占比9.5%。从统计数据上看,动前处所成分由方位词或方位词构成的短语来充当的比例大大高于由零形式和其他形式名词性成分充当的比例。这符合我们对处所成分的直觉认识,即处所成分形式上多是方位词或方位词构成的短语。

存在句动前处所成分当中的方位词,有的是典型方位词,如"上""里""后面"等,这些词一般教科书都明确列为方位词。有的不太典型,如"面前""一旁""底下""两旁",这些词一般没有被收入教科书的方位词一类,但《现代汉语词典》将其标注为方位词。还有一些词,如"这些社团背后""树附近""房子对面"中的"背后""附近""对面",《现代汉语词典》将其标注为名词,但它们与方位词几乎一样,必须依靠参考点定位,这些词我们也处理为方位词。这些词和不太典型的方位词,与前面的参考点成分构成的结构,如"他的面前""大树的底下""这些社团背后""树附近",往往不好分析为领属结构。这些方位词与典型的方位词有一点不同,就是它们本身的信息状态一般不能等同于参考点名词的信息状态,原因是它们的方位意义非常具体实在。而典型的方位词的信息状态,有可能等同于参考点名词的信息状态,比如"(北边门楣)上题着'紫气东来'",这里的"上"意义很虚,其信息状态等同于零形式表示的参考点"北边门楣"的信息状态。

典型的方位结构,一般指的是"柜子里""学习上""三天之内"之类的由方位词附在其他实词性成分后构成、两项之间不能插入"的"字的结构。以不太典型的方位词为中心构成的结构,两项

---

① 在我们对《小说选刊》2009年第4—9期统计获得的3035例存在句中,扣除个别不纳入统计的例子,再加上个别存在句动前有两个名词性成分(不充当同一直接成分)的情况,最终获得3041例存在句。

之间一般可插入"的"字，如"书包的里面""树的前方"。这类能插入"的"字的结构和典型的方位结构有差别，后者的方位词有向后置词演化的倾向，而这些能插入"的"字的结构当中，方位词意义一定是实在的。我们用方位词构成的短语来表示所有以方位词为中心词构成的、领有意义不突出的结构。不过领有结构被认知语言学分析为参考点结构，所以表示方位的结构与领有结构很难一清二楚地区分开来，比如"教室的前面摆着一个小讲台"与"教室的前面有棵大树"中，"教室的前面"在前一例中更像是领有结构，在后一例中更像是方位结构。孤零零地来看，就不好处理。我们把它们一律按表示方位结构的来处理，因为它们的中心词都必须依靠参考点定位。这种情况在语料中不多，怎样处理都不会影响分析结果。

方位词或由方位词构成的短语由参考点确定其位置，所以其信息状态虽然与方位词意义的实在与否相关，但本质上是由表示参考点的名词性成分的信息状态决定的，这样考察动前成分的信息状态时，重点可放在这些表示参考点的名词性成分上。后面讨论存在句动前的名词性成分时，就不考虑这个方位词。

方位词前表示参考点的名词性成分和存在句动前的其他名词性形式成分，形式上主要包括以下类别：

零形式	人称代词	与"这/那"相关的成分
专有名词	（修饰语+）通名	数量名

这些不同形式的名词性成分的具体分布如下：动前纯粹为零形式的有 288 例。动前只有方位词，参考点为零形式的有 243 例。动前为人称代词的，有 12 例。由于存在句动前是表处所的成分，人称代词的数量少是可以预期的，因为这些人称代词本身不能表处所，可以推知它们在存在句动前出现时皆构成后有方位词的短语，如"它背后""其旁边"。动前为"与'这/那'相关的成分"的

有172例。"与'这/那'相关的成分"包括"这/那+（量词）+名词""这儿/那里"等指示代词以及"桌子这儿""后凉台那边""桥的那边"这类形式。动前为专有名词的有92例，汉语中专名除了人名，最多的便是表示处所的，存在句动前有较多处所成分由专名充当，并不令人意外。动前为"（修饰语+）通名"的，有2134例。"（修饰语+）通名"包括通名、"属性修饰语+通名"、"领有修饰语+通名"三类，它们都可视为光杆形式。2134例当中，"通名"为1225例，"领有修饰语+通名"为603例，"属性修饰语+通名"为306例。动前为"数量名"形式的共57例，"数量名"形式理论上包括"数量+（量词）+名词""一+（量词）+名词""量词+名词"等形式。另外，还有43例动前成分不包括在前面所列形式当中，比如"每一扇窗口""另一头"等，这些例子我们暂不讨论。

因此不考虑方位词时，存在句动前不同形式名词性成分分布如表9–1所示。

表9–1 动前名词性成分分布

零形式		三类定指形式			"（修饰语+）通名"和"数量名"				其他形式
					（修饰语+）通名				
纯零形式	方位词前的零形式	人称代词	与"这/那"相关的形式	专有名词	通名	领有修饰语+通名	属性修饰语+通名	数量名	
288 (9.5%)	243 (8.0%)	12 (0.4%)	172 (5.7%)	92 (3.0%)	1225 (40.3%)	603 (19.8%)	306 (10.1%)	57 (1.9%)	43 (1.4%)

从上表的统计数据来看，存在句动前名词性成分中，以"（修饰语+）通名"最多，其次是纯零形式和方位词前的零形式，再次是三类定指形式，最后是"数量名"形式。

二、存在句动前名词性成分的信息状态分布

存在句动前名词性成分的信息状态，仍按 Gundel 等（1993）的已知性等级处理，分成六个类别，即"焦点的"（按本书第八章的处理符号化为 INF）、"激活的"（ACT）、"熟悉的"（FAM）、"唯一可识别的"（UNI）、"指称实际实体的"（REF）、"类可识别的"（TYP）。按此信息状态类别，存在句动前名词性成分的信息状态分布如表 9-2 所示。

表 9-2 动前名词性成分的信息状态分布

焦点的 （INF）	激活的 （ACT）	熟悉的 （FAM）	唯一可识别的 （UNI）	指称实际实体的（REF）	类可识别的 （TYP）
238 (7.8%)	471 (15.5%)	2007 (66.0%)	194 (6.4%)	105 (3.5%)	26 (0.8%)

如果视 UNI、REF、TYP 为听者新信息，它们总共为 325 例，占全部 3041 例的 10.7%；视 INF、ACT、FAM 为听者旧信息（Prince，1992），它们总共为 2716 例，占全部例子的 89.3%。这符合预期，因为存在句动前成分具有较强的话题性，一般视为主语，而不是状语，所以通常是旧信息。

从上表的统计数据可以看出，存在句动前名词性成分的信息状态，3041 例中有 2007 例，其信息状态为 FAM，占比 66.0%。这样的比例，可能与动前的成分是表示处所的、形式多是方位词或由方位词构成的短语相关。其一，一般来说，人和物，特别是人容易成为谈论的话题，处所成分一般比较少充当谈论的话题，正因为如此，存在句动前处所成分表示 INF 这一信息状态的只有 238 例，占全部例子的 7.8%，而且信息状态为 ACT 的例子也只有 471 例，占全部例子的 15.5%。二者相加，总共只占全部例子的 23.3%。其二，动前的处所成分，前面已经提到，主要以方位词或方位词构成

的短语表达，方位词表方位，其最后定位依赖名词性成分表示的参考点，由参考点确定具体的方位，往往有个推论过程，如"这低矮的湖棚里藏着他的秘密"，参考点是"这低矮的湖棚"，用"这+名"形式编码，实例中其信息状态是 ACT，但是"这低矮的湖棚"只提及参考点实体，而并未提及参考点实体的内部，理解"这低矮的湖棚里"所指即它表示的具体位置，有一个由参考点"这低矮的湖棚"表示的实体到实体内部位置的推论过程，这样"这低矮的湖棚里"的信息状态就只能是熟悉的了。

如果把着眼点只放在表示参考点的名词性成分上，不考虑方位时，存在句动前名词性成分的信息状态分布就有一些变化。表9-3是不考虑方位词时动前名词性成分的信息状态分布。

表9-3 不考虑方位词时动前名词性成分的信息状态分布

焦点的 （INF）	激活的 （ACT）	熟悉的 （FAM）	唯一可识别的 （UNI）	指称实际实体 的（REF）	类可识别的 （TYP）
332 （10.9%）	717 （23.6%）	1666 （54.8%）	196 （6.4%）	104 （3.4%）	26 （0.9%）

不考虑方位词时，存在句动前名词性成分表示 FAM 这一信息状态的为1666例，占全部例子的54.8%，相比原先的66.0%，减少了11.2%。相应的，表示 INF 这一信息状态的增加到332例，占全部例子的10.9%，表示 ACT 这一信息状态的，增加到717例，占全部例子的23.6%，二者合起来占比为34.5%，比原先的23.3%有所增加。

不过，即便不考虑方位词，存在句动前名词性成分表示 FAM 这一信息状态的，占比仍然比较高，占全部例子的一半还多一点，而表示 INF、ACT 这些信息状态的，合起来大约只占全部例子的1/3。

从表9-1和表9-2的统计数据来看，存在句动前名词性成分的信息状态，不管是否考虑方位词，其分布特征都是表示 FAM 这一信息状态的数量最多,以此为中心,向两端表示更旧和更新信息状态的,数量都依次减少。我们后面会谈到,这一点与一般句子主语信息状态的分布不一样。

三、存在句动前名词性成分的数量分布与其信息状态的关系

存在句动前名词性成分的信息状态分布与名词性成分的编码形式是相关联的。从信息状态来看,存在句动前名词性成分表示FAM这一信息状态的数量最多;编码形式上,以"(修饰语+)通名"形式最多。原因是存在句动前的"(修饰语+)通名"最容易表示FAM这一信息状态。存在句动前名词性成分为"(修饰语+)通名"形式的,共2134例,它们的信息状态分布如表9-4所示。

表9-4 "(修饰语+)通名"形式的信息状态分布

焦点的 (INF)	激活的 (ACT)	熟悉的 (FAM)	唯一可识别的 (UNI)	指称实际 实体的 (REF)	类可识别的 (TYP)	总计
46 (2.2%)	376 (17.6%)	1460 (68.4%)	160 (7.5%)	79 (3.7%)	13 (0.6%)	2134 (100%)

从上表的统计数据可看出,68.4%的"(修饰语+)通名"形式,其表示的信息状态是FAM。既然这种形式最适合FAM这一信息状态,而存在句动前名词性成分表示的信息状态类型最多的就是FAM,自然存在句动前名词性成分以"(修饰语+)通名"形式居多。

存在句动前的名词性成分,如果从信息状态的新旧角度去看,表9-2中显示只有10.7%的动前名词性成分表示听者新信息,89.3%的动前名词性成分表示听者旧信息。存在句动前最不容易表示听者旧信息的是"数量名"形式。存在句动前名词性成分中,57例"数量名"形式的信息状态分布如表9-5所示。

表9-5 "数量名"形式的信息状态分布

焦点的 (INF)	激活的 (ACT)	熟悉的 (FAM)	唯一可识别的 (UNI)	指称实际实体的 (REF)	类可识别的 (TYP)	总计
2 (3.5%)	8 (14.0%)	15 (26.3%)	8 (14.0%)	23 (40.4%)	1 (1.8%)	57 (100%)

从上表的统计数据看，存在句动前表示听者旧信息的"数量名"形式为25例，占全部57例的43.8%，表示听者新信息的为32例，占全部57例的56.2%。也就是说，有一半以上的"数量名"形式表示听者新信息，存在句动前没有任何其他形式类表示听者新信息的比例有这么高，正是这个原因，动前的"数量名"形式数量分布最少。

前面对存在句动前名词性成分所表示的信息状态和数量分布的讨论是比较宏观的。从更微观的角度来看，两者的关系也是有规律的。

存在句动前"（修饰语+）通名"内部次类型的分布，与它们表达不同信息状态的能力对应。2134例"（修饰语+）通名"形式中，"通名"为1225例，"领有修饰语+通名"为603例，"属性修饰语+通名"为306例，其数量分布依次减少，这三个次类的信息状态分布如表9-6所示。

表9-6 "（修饰语+）通名"三个次类的信息状态分布

	焦点的 (INF)	激活的 (ACT)	熟悉的 (FAM)	唯一可识别的 (UNI)	指称实际实体的 (REF)	类可识别的 (TYP)	总计
通名	28 (2.3%)	282 (23.0%)	851 (69.5%)	26 (2.1%)	31 (2.5%)	7 (0.6%)	1225 (100%)

续表 9-6

	焦点的 (INF)	激活的 (ACT)	熟悉的 (FAM)	唯一可 识别的 (UNI)	指称实际 实体的 (REF)	类可 识别的 (TYP)	总计
领有修饰 语+通名	8 (1.3%)	51 (8.5%)	478 (79.3%)	49 (8.1%)	16 (2.7%)	1 (0.1%)	603 (100%)
属性修饰 语+通名	10 (3.3%)	43 (14.1%)	131 (42.8%)	85 (27.8%)	32 (10.5%)	5 (1.6%)	306 (100%)

从上表的统计数据可以看出，"属性修饰语+通名"表达听者新信息的比例为 39.9%，仅仅比"数量名"形式低一些，"领有修饰语+通名"表达听者新信息的比例为 10.9%，"通名"表达听者新信息的比例为 5.2%，依次减低。"属性修饰语+通名"比"领有修饰语+通名"和"通名"更能表达听者新信息。表达听者旧信息时，"通名"表达 ACT 这一信息状态的比例为 23.0%，高于"领有修饰语+通名"的 8.5%，而"领有修饰语+通名"表达 FAM 这一信息状态的比例为 79.3%，高于"通名"的 69.5%，这表明"通名"表达的信息状态比"领有修饰语+通名"更旧。综合来说，存在句动前"属性修饰语+通名""领有修饰语+通名""通名"表达旧的信息的能力越来越强，而表达新的信息的能力越来越弱，从其数量分布来看，它们在动前的分布依次增加。"(修饰语+)通名"内部次类型的分布与它们表达不同信息状态的能力对应。

"(修饰语+)通名"形式在存在句动前倾向于是定指的，多表达听者旧信息。在存在句动后倾向于是不定指的，多表达听者新信息，但即便处于存在句动后这一主要由听者新信息占据的位置，在语料中，"通名"表达听者旧信息的比例也高于"属性修饰语+通名"，表达听者新信息的比例也低于"属性修饰语+通名"。在存在句动后，"通名"表达听者旧信息的比例为 19.3%，表达听者新信息的比例为 80.7%，而"属性修饰语 + 通名"表达听者旧信息的比例为 9.6%，表达听者新信息的比例为 90.4%（详见本书第八章）。也就是说，不管在什么位置，"通名"比"属性修饰语 + 通名"都更能表达旧信息，而后者更表达新信息。这其实是容易理解的，增加修饰语就是为听者提供了名词性成分所指实体的更多信息，所以"属性修饰语 + 通名"比"通名"更能表达新信息。由于领有修饰语具有某种定指限定语性质，不管在存在句前，还是在存在句之后，"领有修饰语 + 通名"都比"属性修饰语 + 通名"更能表达听者旧信息，后者更能表达听者新信息。这样存在句动后"领有修饰语 + 通名"的数量分布比"属性修饰语 + 通名"少，存在句动前"领有修饰语 + 通名"的数量分布比"属性修饰语 + 通名"多。至于"通名"与"领有修饰语 + 通名"相比较，存在句动后位置倾向于由不定指的、表达新信息的成分充当，"通名"在动后倾向于是不定指的、表达新信息，而领有修饰语具有某种定指限定语性质，"领有修饰语 + 通名"在存在句动后表达定指、旧信息的能力比"通名"强得多，因而"通名"在存在句动后数量分布比"领有修饰语 + 通名"多得多。在存在句动前，"通名"倾向于是定指的，多表达旧信息，"领有修饰语 + 通名"中具有定指限定语性质的修饰语，也提供了新信息，也就是说，"通名"在动前比"领有修饰语 + 通名"更能表达旧的信息，因此"通名"在动前，其数量分布也比"领有修饰语 + 通名"多得多。

由于存在句动前并不是信息状态越旧分布越多，所以总体上并不是谁更能表达旧的信息状态，谁数量分布就越多。但是，那些不管在动前还是动后一般总是定指、多表达听者旧信息的成分，其在动前的数量分布与信息状态的关系，虽不十分整齐但也基本呈现：谁更能表达新的信息状态，谁数量分布就比较少；谁更能表达旧的信息状态，谁数量分布就多一些。

几类通常定指的名词性形式（不包括人称代词）的信息状态分布如表 9-7 所示。

表 9-7 定指的名词性形式的信息状态分布

	焦点的 （INF）	激活的 （ACT）	熟悉的 （FAM）	唯一可 识别的 （UNI）	指称实际 实体的 （REF）	类可 识别的 （TYP）	总计
纯零形式	190 (66.0%)	71 (24.7%)	27 (9.3%)	0	0	0	288 (100%)
方位词前 的零形式	73 (30.0%)	134 (55.2%)	33 (13.6%)	2 (0.8%)	1 (0.4%)	0	243 (100%)
与"这/ 那"相关 的成分	10 (5.8%)	89 (51.7%)	55 (32.0%)	18 (10.5%)	0	0	172 (100%)
专有名词	3 (3.3%)	29 (31.5%)	53 (57.6%)	7 (7.6%)	0	0	92 (100%)

从上表的统计数据可以看出，除去人称代词，存在句动前，纯零形式数量最多，共 288 例，动前为方位词、参考点为零形式的共 243 例，动前为与"这/那"相关的"指（量）名"及指示代词等的共 172 例，动前为专有名词的共 92 例。这个数量分布与它们表达不同信息状态的能力相关。

纯零形式和方位词前的零形式都主要表示 INF 和 ACT 这两类信息状态，其中纯零形式表示 INF 这一信息状态的比例为 66.0%，高于方位词前的零形式的 30.0%，而方位词前的零形式表达 ACT 这一信息状态的比例为 55.2%，高于纯零形式的 24.7%，很明显纯零形式比方位词前的零形式更能表示 INF 这一信息状态，而方位词前的零形式更能表示 ACT 这一信息状态，而且方位词前的零形式表示 FAM 这一信息状态的比例为 13.6%，也稍大于纯零形式的 9.3%。也就是说，纯零形式比方位词前的零形式表示的信息状态更旧，方位词前的零形式表示的信息状态相对新一些。

"与'这/那'相关的成分"主要是表示 ACT 和 FAM 这两类

信息状态，相比方位词前的零形式，表达的信息状态相对新一些。具体而言，"与'这/那'相关的成分"表达 ACT 这一信息状态的比例为 51.7%，与方位词前的零形式的 55.2% 差不多，但方位词前的零形式表示 INF 这一信息状态的比例为 30.0%，大大高于"与'这/那'相关的成分"的 5.8%，而"与'这/那'相关的成分"表达 FAM 这一信息状态的比例为 32.0%，大大高于方位词前的零形式的 13.6%，"与'这/那'相关的成分"表示 UNI 这一信息状态的比例也有 10.5%。

专有名词也主要是表达 ACT 和 FAM 这两类信息状态，跟"与'这/那'相关的成分"相似，但是"与'这/那'相关的成分"表达 ACT 这一信息状态的比例为 51.7%，而专有名词的比例只有 31.5%，相反，"与'这/那'相关的成分"表达 FAM 这一信息状态的比例为 32.0%，而专有名词的比例却是 57.6%，这表明"与'这/那'相关的成分"表示的信息状态比专有名词表示的旧一些，专有名词表示的信息状态相对更新一些。

从上面的讨论中可以看出，四类总是定指的成分，其内部次类型的数量分布与信息状态的分布呈现对应关系，谁更能表达旧的信息状态，谁的数量分布就多一些，反之就少一些。在"与'这/那'相关的成分"内部，"与'这'相关的成分"比"与'那'相关的成分"数量多一些，这也与后者表示的信息状态比前者新一些呈现对应关系。二者的信息状态分布详见表 9-8。

表 9-8 "与'这'相关的成分"和"与'那'相关的成分"的信息状态分布

	焦点的（INF）	激活的（ACT）	熟悉的（FAM）	唯一可识别的（UNI）	指称实际实体的（REF）	类可识别的（TYP）	总计
与"这"相关的成分	5（5.1%）	50（51.0%）	40（40.8%）	3（3.1%）	0	0	98（100%）
与"那"相关的成分	5（6.7%）	39（52.7%）	15（20.3%）	15（20.3%）	0	0	74（100%）

从上表的统计数据可看出，虽然"与'这'相关的成分"和"与'那'相关的成分"，在表达 INF、ACT 这两类信息状态时基本差不多，但前者表达 FAM 这一信息状态的比例为 40.8%，大大高于后者的 20.3%，而后者表达 UNI 这一信息状态的比例高达 20.3%，大大高于前者的 3.1%。这表明"与'这'相关的成分"表达的信息状态比"与'那'相关的成分"旧，因此数量分布上也是"与'这'相关的成分"高于"与'那'相关的成分"，前者的数量为 98 例，后者的数量为 74 例。不过，专有名词单独与"与'这'相关的成分""与'那'相关的成分"相比较，并不像动后成分那样呈现出明显的规律。

最后要说明的一点是，人称代词整体数量分布少，构成前面讨论的反例，其原因在于一般由人做参考点来表处所是很少见的。

四、从信息状态和编码形式看动前名词性成分的语法功能

存在句的动前成分，虽有一定的话题性，但跟典型主语不一样。形式上可以是介词短语这一点，很好地说明了该情况。从信息

状态上看,存在句动前名词性成分的信息状态分布与通常主语的信息状态也不一样。

我们同样以小说语料为例,统计了《小说选刊》2009年第9期中2764例一般句子的主语,其信息状态分布如表9-9所示:

表9-9 一般句子的主语的信息状态分布

焦点的 (INF)	激活的 (ACT)	熟悉的 (FAM)	唯一可识别的 (UNI)	指称实际实体 的(REF)	类可识别的 (TYP)
1338 (48.4%)	824 (29.8%)	302 (10.9%)	175 (6.4%)	54 (0.2%)	71 (0.3%)

从上表的统计数据可以看出,一般句子的主语,其信息状态的分布是越旧的信息状态类型分布越多,基本上是依旧的程度呈现梯次分布。而存在句动前成分的信息状态类型的分布,则是以FAM这一信息状态为中心,向两端依次分布,即FAM这类信息状态分布数量最多,向两端数量依次减少。

从编码形式来看,2764例一般句子的主语,除去用其他形式编码的54例外,其分布如表9-10所示。

表9-10 一般句子的主语的编码形式分布

零形式	总是定指的名词性成分			"(修饰语+)通名"和"数量名"			
				(修饰语+)通名			
零形式	人称代词	与"这/那"相关的成分	专有名词	通名	领有修饰语+通名	属性修饰语+通名	数量名
1122 (41.4%)	502 (18.5%)	98 (3.6%)	447 (16.5%)	258 (9.5%)	113 (4.2%)	121 (4.5%)	49 (1.8%)

从上表的统计数据可以看出,2710例一般句子的主语,最主要的编码形式是零形式,其次是人称代词和专有名词,再次是

"（修饰语+）通名"，最少的形式类是"数量名"，除"与'这/那'相关的成分"外，大体是越能表达旧的信息状态的形式，出现的频率越高。对比存在句动前名词性成分的编码形式来看有很大的不同。存在句动前的名词性成分，以"（修饰语+）通名"居多，这其中"通名"占了全部例子的40.3%，其次才是零形式。

存在句动前处所成分信息状态和编码形式与一般主语信息状态和编码形式分布的差异可能反映了存在句动前处所成分的性质与一般主语的差异。从语义角度看，"存在"意义表达的关键概念是存在主体以及存在位置，而一般主语的语义与施受义相关。从语用角度看，处所成分的话题性较弱，高生命度的表人成分话题性才高。从语义和语用这两方面出发，虽然处所成分仍是句式的第一论元，是小句的中枢所在（刘娅琼、陈振宇，2018：69），句法可视之为主语，但一定是不太典型的主语。形式上，虽然加前置介词的情况不多，但如果把虚化的方位词看成后置介词的话（刘丹青，2003：155-159），那么处所成分由介词性结构充当的比例是比较高的。与施受义相关的主语一般不会由介词结构充当。总之，将存在句动前处所成分视为主语的话，它与一般句子的主语仍然有一定的差异。

五、结语

存在句动前名词性成分的数量分布，与其信息状态呈现对应关系。动前名词性成分所表示的信息状态相当大的一部分是熟悉的，因此最容易表达 FAM 这一信息状态的"（修饰语+）通名"形式数量最多。由于动前名词性成分绝大部分为听者旧信息，所以其内部次类，谁表达的信息状态旧的程度高、新的程度低，谁的数量分布就多，按由高到低依次为"通名""领有修饰语+通名""属性修饰语+通名"。"数量名"形式即便在动前，表达听者新信息的比例也相当高，其数量分布比"属性修饰语+通名"还低。对于总是定指的那些名词性形式来说，由于存在句动前并不是信息状态旧的程度高的数量就多,所以它们在存在句动前并不是数量最多的,但是在它们内部,除开人称代词,基本上也呈现谁表达的信息状态旧的程度高,谁的数量就多一些,由高到低依次是纯零形式、方位词前的零形式、"与'这/那'相关的成分"、专有名词。

从信息状态和编码形式来看,存在句动前的处所成分与一般句子的主语有很大的差异,这表明它们虽然可视为主语,但与一般主语的性质仍然有差异。

方位词表示的信息状态一般至少是熟悉的。方位词单独使用时,参考点由零形式表示。零形式表示的参考点,其信息状态一般至少是熟悉的,由此推知的具体方位,至少也是熟悉的。

结　　论

本书从存在句中名词性成分特别是动后名词性成分的信息状态切入考察存在句的相关问题。名词性成分的信息状态、话题和评论、焦点和预设是信息结构研究的三大块，名词性成分的信息状态自然与另外两块是密切相关的。句子的信息结构与句子的结构形式也是密切相关的，特别是在汉语这种以语序为主要语法手段、语用敏感型的语言当中。从名词性成分的信息状态切入，我们讨论的问题包括：①存在句构式的句法、语义、语用特点；②存在句的动词限制；③存在句与作格性的关系；④信息状态界定的视点问题；⑤存在句什么时候可以违背定指效应；⑥汉语中存在句定指效应如何呈现；⑦动前处所成分的信息状态、编码形式与语法功能问题。

一、主要结论

对于以上问题，本研究的主要结论如下：

（1）存在句是表达存在命题的，即 S/O 所指的存在（存在蕴含出现和消失），这是存在句的核心语义，从跨语言的角度来看，这一概括可能具有普适性。时间、空间是事物存在的基本方式，对于人、物来说，其最基本的特征，是占据一定的空间，所以表示空间的处所成分成为存在句的又一构成成分，时间成分只有在强调 S/O 所指的时间特征时，才可能归入这个处所成分。因为表达 S/O 所指的存在，所以 S/O 所指就应该是新实体、新信息，如果是旧信息、旧实体，预设它们的存在，这样的表达式则没有提供新信息，是违背合作原则的。这就是存在句定指效应的根源所在。汉语中，表达 S/O 所指的存在，S/O 所指是新实体，促成它们居于动后，处所成分居于动前。存在句表达存在命题，存在命题本质上是一元的，所以二元谓词必须删除一个论元才能表达存在命题，进入存在句。汉语中二元谓词句形式"A + V + O"，A 论元通常是定指的，表示旧信息，与存在句表达要求相违背，所以二元谓词表达存在命题，进入存在句时，A 必须删除。总之，表达 S/O 所指的存在，S/O 所指是新实体，人和物最基本的特征是占据一定的空间，这是促成存在句构式的根本动因。

（2）上述促成存在句构成的动因也是限制进入存在句动词的根源所在。不及物动词构成的存在句，"V + S"表示一种结果状态，及物动词构成的存在句，除了"有""无"等少数动词，"V + O"也明确表示一种结果状态，因为只有结果状态才不需要外力的输入，S 才不能突显其施动性，A 才可删除。总突显 S 施动性的动作动词不能表示结果状态，"一个人休息""一个人玩"，它们的 S 是不能移到动后去的。施事及物动词，只有"位移""创造"义动词才能明确造成一种结果状态，其 A 可以删除，才能进入存在句。因为表达存在命题，人和物最基本的存在特征是占据一定的空间，动词引入的论元和处所论元成分之间只有突显这个位置关系才符合表达存在命题的需要。前文把进入存在句的动词限制概括为两点：第一，动词引出的 O/S 与动前的 Loc 之间能突显位置关系；第二，及物动词的主语论元 A 一定要删除，不及物动词的唯一论元 S 要居 O 位置，把动前位置提供给 Loc 成分。这背后更根本的动因还是在于存在句是表达存在命题的。

（3）存在句通常表达一种结果状态，要求 S 居 O 位置，这使得它与作格性相关。汉语虽无格、人称形态，但根据语序可视为宾格语言，A 与 S 都在动前，归为同一范畴，汉语中一些不及物动词的 S 居 O 位置，与及物动词的 O 体现出一致性，体现出词汇作格性。这种作格观相对于类型学的作格观有所扩展。汉语中以显性形式体现了作格性特征的现象只有两类，一类是经典意义的词汇型使动句，一类是表层非宾格句。但这两类现象没法界定非宾格动词。

汉语中作格性与宾格性主要体现在基本小句的句法组织格局上。作格范式侧显结果状态，及物范式侧显力动态关系。存在句很好地体现了侧显结果状态和不侧显力动态关系的特点。但进入存在句的动词有不及物动词，也有及物动词，因此，存在句体现了及物范式和作格范式的中和。"Loc + V + S"体现作格性特征，"Loc + V + O"与"Loc + V + S"有很多相似性，但它是由及物动词构成的，在我们的作格观中，它仍不是作格现象。如何看待汉语中存在句与作格性的联系，一要根据汉语整体的特点，二要根据汉语中作格性整体的呈现状况，三是跟自己所持的作格观即理论立场相关。

（4）存在句表达存在命题，即 S/O 所指的存在，所以 S/O 所指应是新实体、新信息。因为 S/O 所指是旧信息、旧实体，预设它们的存在，这违背合作原则的量准则，这就是存在句定指效应的根源。那什么时候存在句动后可以是旧信息呢？简单来说，就是存在命题处在预设、背景当中，不是存在句表达的突显内容时，因为此时整个表达不关注存在命题，自然不要求 S/O 所指是新实体、新信息。很多种因素，比如存在句表否定，表确认，表对比，表提问，表提醒，强调 S/O 所指的量，强调动后名词性成分提供的概念新信息，存在句处于状语从句当中等，都可以促成存在命题处在预设、背景当中，不是表达的突显内容，此时存在句动后就可以是旧信息。

（5）表达存在命题要求 S/O 的所指为新实体、新信息，不过当存在命题处在预设、背景当中，不是存在句表达的突显内容时，S/O 的所指可以是旧实体、旧信息，两种力量的作用使得汉语中存在句的定指效应以一种倾向性的形式呈现。表示旧一些信息状态能力越强的名词性成分，出现在存在句动后的几率越低，表示新一些信息状态能力越强的名词性成分，出现在存在句动后的几率越高。汉语中定指效应以这种方式呈现，也解释了存在句动后不同形式的名词性成分分布的数量特征。

（6）名词性成分的信息状态和编码形式之间存在一定的对应关

系。存在句动后不同形式名词性成分的分布存在下面的序列:

  A. 人称代词＜这＋(量词)＋名词＜那＋(量词)＋名词＜专有名词＜数量名＜(修饰语＋)通名
  B. 人称代词＜这＋(量词)＋名词＜那＋(量词)＋名词＜专有名词＜领有修饰语＋通名＜属性修饰语＋通名＜通名

  这两个序列中"＜"既可以是"表示新一些信息状态的能力弱于",也可以表示"在存在句动后的数量分布小于"的意思。序列中,由左向右的名词性成分与已知性等级(焦点的＞激活的＞熟悉的＞唯一可识别的＞指称实际实体的＞类可识别的)中由左向右的信息状态类别的相关度也依次增强,呈现某种对应关系。"人称代词＜这＋(量词)＋名词＜那＋(量词)＋名词＜专有名词"还相当于一个缩略版的可及性标记等级。上述信息状态和编码形式之间一定的对应关系在动前处所成分中也存在。
  (7) 名词性成分的信息状态,就是名词性成分的所指对于听者而言是已知的还是新知的,不过,这里的已知或新知是言者对听者认知状态的评估。对于日常口语对话,言者—听者配对的情况比较简单。在小说这种叙述话语当中,多视点是常态,不同的情节或情况叙述者可能采用不同的视点来叙述,就像不同的故事可采取不同的视点来叙述一样。同一实体在不同视点下,其信息状态就可以不一样,信息状态不一样,编码形式就可能不一样,句法功能就可能存在差异。视点影响言者对名词性成分信息状态的处理和编码,这一点国外研究信息状态的学者也极少注意到。
  另外,存在句动前处所成分的信息状态和编码形式与一般句子的主语的信息状态和编码形式有比较大的差异,表明处所成分虽可视为主语,但跟一般句子的主语在性质上还是有差异的。

二、启发和前瞻

从名词性成分信息状态切入，过去主要涉及回指等与语篇相关的问题。本研究由此切入讨论与存在句相关的句法问题。这也给我们一些启示，即从名词性成分的信息状态入手，可发现更多可供讨论的句法问题。比如：

第一，视点因素影响名词性成分的信息状态和编码形式。本书主要是从信息状态的新旧这个比较大的方面来讨论的，也是比较粗糙的，没有涉及新旧内部细分的信息状态类别。视点因素的影响可能更细微，比如视点因素对回指形式选择的影响，就可能涉及旧实体、旧信息旧的程度问题，从而导致似乎应该选择通名这种回指形式的，却选择了人称代词这种回指形式。叙述文本当中多视点是常态，视点因素究竟会如何影响语法，这方面是相对空白的领域，有许多问题待发现、待讨论。

第二，存在命题处在预设、背景当中时，存在句动后就可以是旧信息。这让我们思考，什么时候一般句子的宾语可以是旧信息。我们的调查当中，一般主动宾句有40%的例子宾语为旧信息。一般句子旧信息在前，新信息居后，信息焦点居后。一般句子的宾语是旧信息时，如果宾语不是对比焦点所在的话，是不是句子的焦点一定处在别的地方？也就是说，宾语是不是一定处在预设当中呢？如果是的话，那么句子的信息焦点就不一定居后。事实上，李湘、端木三（2017）从方式状语的焦点结构地位的讨论中，就发现类似的问题。那么汉语中的情况究竟是怎样的呢？

第三，存在句动后不同形式类名词性成分的数量分布与其信息状态相关。汉语句子，一般认为信息安排是从旧到新。但我们发现，比如"$NP_{受} + NP_{施} + VP$"双主语句，很多时候前一主语的编码形式比后一主语长，表达的信息比后一主语已知程度低，不符合信息状态由旧到新的次序，而"$NP_{施} + NP_{受} + VP$"双主语句的两个名词性成分多符合信息状态由旧到新的顺序，却具有对比含义。为什么会这样？这些问题值得进一步的讨论。

总的来说，汉语研究当中与名词性成分的信息状态相关的句法问题，研究得很少，在汉语中展开这方面的研究是一个值得努力的方向。

不过，信息状态具体类别的判定，不管采取何种分类体系，都具有一定的主观性，而且没法完全避免，这也是我们研究中的难点问题。如何在这方面有所改进，还有待进一步研究。

参考文献

LAPOLLA R J(罗仁地),POA D(潘露莉),2005. 焦点结构的类型及其对汉语词序的影响[C]//徐烈炯,潘海华. 焦点结构和意义的研究. 北京:外语教学与研究出版社:47-63.

陈建民,1986. 现代汉语句型论[M]. 北京:语文出版社.

陈平,1987. 释汉语中与名词性成分相关的四组概念[J]. 中国语文(2):81-92.

陈庭珍,1957. 汉语中处所词作主语的存在句[J]. 中国语文(8):15-19.

储泽祥,刘精盛,龙国富,等,1997. 汉语存在句的历时性考察[J]. 古汉语研究(4):13-20.

崔璨,袁毓林,2020. 存在句中及物动词施事的隐现问题研究[J]. 当代语言学(3):381-394.

崔婷,2015. "哭湿"类动结式的事件性特征[J]. 汉语学习(5):70-76.

戴雪梅,1988. 关于静态存在句和动态存在句[J]. 语言学探讨(1).

丁声树,吕叔湘,李荣,等,1961. 现代汉语语法讲话[M]. 北京:商务印书馆.

董成如,2009. 存现句的认知研究:基于参照点的行为链模式[M]. 苏州:苏州大学出版社.

董成如,2011. 汉语存现句中动词非宾格性的压制解释[J]. 现代外语,34(1):19-26.

董秀芳,1998. 述补带宾句式中的韵律制约[J]. 语言研究,

18（1）：55-62.

范方莲，1963. 存在句 [J]. 中国语文（5）：386-395.

范晓，2007. 关于汉语存在句的界定和分类问题 [J]. 语言研究集刊（第四辑）：84-100，325-326.

冯志纯，1986. 试论介宾短语作主语 [J]. 语言教学与研究（4）：94-106，61.

高文成，2008. 英汉存在句认知对比研究 [M]. 武汉：武汉大学出版社.

顾阳，1996. 生成语法及词库中动词的一些特性 [J]. 国外语言学（3）：1-16.

顾阳，1997. 关于存现结构的理论探讨 [J]. 现代外语（3）：14-25.

郭锐，1993. 汉语动词的过程结构 [J]. 中国语文（6）：410-419.

韩景泉，2001. 英汉存现句的生成语法研究 [J]. 现代外语（2）：143-158.

何文彬，2012. 现代汉语"是"字强调句研究 [M]. 北京：中国社会科学出版社.

胡文泽，2011. "处所词+是+名词"功能特性及其对汉语作为外语教学的启示 [J]. 语言科学（5）：473-481.

胡亚敏，2004. 叙事学 [M]. 2版. 武汉：华中师范大学出版社.

黄南松，1996. 论存在句 [J]. 汉语学习（4）：28-32.

黄正德，2007. 汉语动词的题元结构与其句法表现 [J]. 语言科学（4）：3-21.

姜兆梓，2016. 现代汉语存在句A段的论元与非论元属性 [D]. 济南：山东大学.

金明艳，2013. 韩汉语存现句对比研究 [D]. 长春：吉林大学.

鞠玉梅，2003. 信息结构研究中的已知信息［J］. 天津外国语学院学报，10（5）：33-39.

兰艾克，2016. 认知语法导论：下卷［M］. 黄蓓，译. 北京：商务印书馆.

雷涛，1993. 存在句的范围、构成和分类［J］. 中国语文（4）：244-251.

黎锦熙，1998［1924］. 新著国语文法［M］. 北京：商务印书馆.

李芳杰，1983. 一种可以作主语的介词结构［J］. 语文月刊（4）.

李虹，2015. 汉语指称问题的语义—语用界面研究［M］. 北京：科学出版社.

李杰，2009. 试论发生句：对隐现句和领主属宾句的句式意义的重新审视［J］. 世界汉语教学（1）：65-73.

李临定，1986. 现代汉语句型［M］. 北京：商务印书馆.

李临定，1988. 汉语比较变换语法［M］. 北京：中国社会科学出版社.

李挺，2010. 语篇视角下的汉语存现句研究［D］. 上海：华东师范大学.

李湘，端木三，2017. "自然焦点"有多"自然"？：从汉语方式状语的焦点结构地位说起［J］. 世界汉语教学（4）：448-462.

李英哲，2001［1972］. 汉语"是/在/有"存在句的格分析［C］//李英哲. 汉语历时共时语法论集. 北京：北京语言文化大学出版社.

刘丹青，2003. 语序类型学与介词理论［M］. 北京：商务印书馆.

刘海洋，2019. 现代汉语存在语义范畴研究［D］. 长春：吉林大学.

刘街生，2004. 现代汉语同位组构研究［M］. 武汉：华中师范大学出版社.

刘街生，2008. 动结组构与名词配置［J］. 汉语学报（2）：31-39，95-96.

刘街生，2009. 现代汉语的反身宾语句［J］. 语言研究，29（1）：76-80.

刘街生，2010. 现代汉语中的分裂不及物性现象［J］. 当代语言学，12（3）：262-270.

刘街生，2013a. 作格语言与语言的作格性［J］. 南国人文学刊（2）：102-117.

刘街生，2013b. 现代汉语的单动词使动句［J］. 汉语学报（4）：14-21，95.

刘街生，2018. 现代汉语的双重使动句［J］. 汉语学习（2）：25-32.

刘探宙，2009. 一元非作格动词带宾语现象［J］. 中国语文（2）：110-119，191.

刘晓林，2008. 特殊句式的作格阐释［D］. 上海：上海交通大学.

刘娅琼，陈振宇，2018. 存现句句首处所成分的语法地位及"在"的使用问题［C］//中国语文杂志社. 语法研究和探索：19. 北京：商务印书馆：56-72.

刘赟，2010. 存现句句首名词和名词性结构研究［D］. 上海：复旦大学.

刘云红，2005. 话语信息及其分类［J］. 解放军外国语学院学报（3）：9-13，17.

龙涛，马庆株，2009. 从相关句式看存在句的句式意义［C］//邵敬敏，谷晓恒. 汉语语法研究的新拓展：4. 北京：北京大学出版社：230-241.

罗钢，1994. 叙事学导论［M］. 昆明：云南人民出版社.

吕叔湘，1999［1980］. 现代汉语八百词［M］. 增订版. 北京：商务印书馆.

吕叔湘, 1987. 说"胜"和"败"[J]. 中国语文 (1): 1-5.

吕叔湘, 1988 [1942]. 中国文法要略 [M]. 北京: 商务印书馆.

吕云生, 2005. 有关"施事后置"及"非宾格假说"的几个问题 [J]. 语言科学 (5): 50-70.

马建忠, 1998 [1898]. 马氏文通 [M]. 北京: 商务印书馆.

马乐东, 2007. 作格结构的功能分析及其在汉语中的应用 [D]. 上海: 上海外国语大学.

梅德明, 韩巍峰, 2010. 显性非宾格结构的主题化分析 [J]. 外语教学与研究, 42 (5): 329-337, 400.

孟琮, 郑怀德, 孟庆海, 等, 1999 [1987]. 汉语动词用法词典 [M]. 北京: 商务印书馆.

倪蓉, 2009. 现代汉语作格交替现象研究 [M]. 长春: 吉林大学出版社.

聂文龙, 1989. 存在句和存在句的分类 [J]. 中国语文 (2): 95-104.

牛保义, 2005. 英语作格句语用功能的词汇语用分析 [J]. 外语与外语教学 (6): 1-6.

潘海华, 韩景泉, 2005. 显性非宾格动词结构的句法研究 [J]. 语言研究, 25 (3): 1-13.

潘文, 2006. 现代汉语存现句的多维研究 [M]. 南京: 南京师范大学出版社.

任鹰, 2000. 静态存在句中"V了"等于"V着"现象解析 [J]. 世界汉语教学 (1): 28-34.

石艳华, 2014. 认知激活框架下的汉语篇章回指研究 [M]. 北京: 中国社会科学出版社.

史成周, 2013a. Prince 假定熟悉度理论述评 [J]. 海外英语 (15): 241-242.

史成周, 2013b. 词项新/旧理论述评 [J]. 海外英语 (19):

247-249.

宋玉柱, 1982a. 动态存在句 [J]. 汉语学习 (6): 9-15.

宋玉柱, 1982b. 定心谓语存在句 [J]. 语言教学与研究 (3): 27-34.

宋玉柱, 1984. 从"定心谓语存在句"看存在句的结构分析 [J]. 汉语学习 (1): 14-17.

宋玉柱, 1987a. 存现结构及其句法功能 [J]. 逻辑与语言学习 (1): 33-35.

宋玉柱, 1987b. 关于存在句的变换方式 [J]. 天津师专学报 (1): 45.

宋玉柱, 1988a. 存在句中动词后边的"着"和"了" [J]. 天津教育学院学报 (社会科学版) (1): 21-27.

宋玉柱, 1988b. 关于动态存在句问题: 1987 年 5 月长沙现代汉语学术报告会讲 [J]. 学语文 (3): 4-7.

宋玉柱, 1988c. 略谈"假存在句" [J]. 天津师范大学学报 (社会科学版) (6): 86-90.

宋玉柱, 1988d. 名词谓语存在句 [J]. 徐州师范学院学报 (哲学社会科学版), 14 (4): 87-90, 9.

宋玉柱, 1989. 完成体动态存在句 [J]. 汉语学习 (6): 1-4.

宋玉柱, 1991a. 现代汉语特殊句式 [M]. 太原: 山西教育出版社.

宋玉柱, 1991b. 经历体存在句 [J]. 汉语学习 (5): 1-6.

宋玉柱, 2007. 现代汉语存在句 [M]. 北京: 语文出版社.

隋娜, 王广成, 2009. 汉语存现句中动词的非宾格性 [J]. 现代外语, 32 (3): 221-230, 328.

孙宏林, 1996. 由"V+有"构成的存在句 [J]. 世界汉语教学 (2): 22-30.

孙天琦, 潘海华, 2012. 也谈汉语不及物动词带"宾语"现象: 兼论信息结构对汉语语序的影响 [J]. 当代语言学 (4):

331 – 342, 436.

孙文访, 2015. 存在动词的词汇类型学研究 [J]. 语言学论丛 (1): 134 – 162.

谭景春, 1996. 一种表破损义的隐现句 [J]. 中国语文 (6): 405 – 412.

唐韧, 2011. 信息结构特征的限定性解释 [J]. 外语与外语教学 (5): 19 – 23.

唐玉柱, 2005. 存现动词的非宾格性假设 [J]. 重庆大学学报 (社会科学版), 11 (4): 84 – 87.

田艳艳, 2015. 英汉存现动词非宾格性的症结及解释 [J]. 南华大学学报 (社会科学版), 16 (1): 126 – 130.

田臻, 2014. 汉英存在构式与动词语义互动的实证研究 [M]. 上海: 上海外语教育出版社.

王灿龙, 2006. 存现句句法结构动因的多角度考察 [C] //中国语文杂志社. 语法研究和探索: 13. 北京: 商务印书馆: 128 – 145.

王建军, 2003. 汉语存在句的历时研究 [M]. 天津: 天津古籍出版社.

王建伟, 2008. 英汉语中非宾格现象之认知构式角度探索 [D]. 上海: 复旦大学.

王立永, 2015. 论元实现的焦点凸显视角: 以汉语处所主语结构为例 [D]. 南京: 南京大学.

王文斌, 罗思明, 刘晓林, 等, 2009. 英汉作格动词语义、句法及其界面比较 [J]. 外语教学与研究, 41 (3): 193 – 201, 241.

王勇, 徐杰, 2010. 汉语存在句的构式语法研究 [J]. 语言研究, 30 (3): 62 – 70.

王勇, 周迎芳, 2011. 存在句主语的类型学研究 [J]. 外语教学与研究, 43 (2): 163 – 182.

王勇, 周迎芳, 2014. 现代汉语中的事件类存在句 [J]. 外国语, 37 (3): 71 – 82.

王永利，韩景泉，2015．特征分析下存现句的非宾格性［J］．中南大学学报（社会科学版）（1）：257-262．

王智杰，1996．存现句的语用功能［J］．内蒙古民族师范学院学报（哲学社会科学汉文版），22（1）：61-62，90．

吴卸耀，2006．现代汉语存现句［M］．上海：学林出版社．

夏晓蓉，2001．英汉 V-R 结构与非宾格现象［J］．外语教学与研究（外国语文双月刊）（3）：172-177．

邢福义，1991．汉语里宾语代入现象之观察［J］．世界汉语教学（2）：76-84．

邢福义，2000．"最"义级层的多个体涵量［J］．中国语文（1）：16-26，93．

熊学亮，付岩，2013．英汉中动词的及物性探究［J］．外语教学与研究（1）：3-12．

徐岱，2010．小说叙事学［M］．北京：商务印书馆．

徐杰，1999．两种保留宾语句式及相关句法理论问题［J］．当代语言学（1）：16-29，61．

徐赳赳，2003．现代汉语篇章回指研究［M］．北京：中国社会科学出版社．

徐盛桓，1996．信息状态研究［J］．现代外语，19（2）：5-12．

徐通锵，1998．自动和使动：汉语语义句法的两种基本句式及其历史演变［J］．世界汉语教学（1）：12-22．

许余龙，2002．语篇回指的认知语言学探索［J］．外国语（1）：28-37．

许韵媛，潘海华，2019．"台上坐着主席团"的生成路径新探［J］．语言研究，39（3）：1-10．

杨安红，周鸣，2001．现代汉语存现句与方位词［J］．徐州师范大学学报（哲学社会科学版），27（2）：56-58．

杨大然，2011．现代汉语非宾格句式的语义和句法研究［M］．郑州：河南大学出版社．

杨素英，1999．从非宾格动词现象看语义与句法结构之间的关系［J］．当代语言学（1）：30-43，61-62．

杨义，1997．中国叙事学［M］．北京：人民出版社．

杨永忠，2007．汉语中动句和作格化［J］．对外汉语研究（1）：74-85．

杨作玲，2014．上古汉语非宾格动词研究［M］．北京：商务印书馆．

袁毓林，2004．论元结构和句式结构互动的动因、机制和条件：表达精细化对动词配价和句式构造的影响［J］．语言研究，24（4）：1-10．

曾立英，2009．现代汉语作格现象研究［M］．北京：中央民族大学出版社．

张伯江，2006．存现句里的专有名词宾语［C］//中国语文杂志社．语法研究和探索：13．北京：商务印书馆：214-219．

张斌，2010．现代汉语描写语法［M］．北京：商务印书馆．

张达球，2006．非宾格性句法配置：句法语义接口［D］．上海：上海交通大学．

张和友，2012．"是"字结构的句法语义研究：汉语语义性特点的一个视角［M］．北京：北京大学出版社．

张静，1980．新编现代汉语［M］．上海：上海教育出版社．

张珂，2009．英汉语存现构式的认知对比研究［M］．上海：上海社会科学院出版社．

张先亮，范晓，等，2010．现代汉语存在句研究［M］．北京：中国社会科学出版社．

张学成，1982．存在句［J］．语言学年刊（5）：48-55．

张志公，1953．汉语语法常识［M］．北京：中国青年出版社．

赵霞，2006．作格结构及其概念框架分析［J］．外语与外语教学（6）：10-13．

赵彦春，2002．作格动词与存现结构症结［J］．外语学刊

(2): 63-67.

周芳,刘富华,2002. 现代汉语隐现句的构成及其相互关系[J]. 汉语学习(3): 35-39.

周士宏,2016. 汉语句子的信息结构研究[M]. 北京:北京师范大学出版社.

朱德熙,1986. 变换分析中的平行性原则[J]. 中国语文(2): 81-87.

ABBOTT B, 1992. Definiteness, existentials, and the "list" interpretation [C] // BARKER C, DOWTY D. Proceedings of semantics and linguistic theory (= SALT) II. Columbus, OH: The Ohio State University: 1-16.

ABBOTT B, 1993. A pragmatic account of the definiteness effect in existential sentences [J]. Journal of pragmatics, 19 (1): 39-55.

ABBOTT B, 1997. Definiteness and existentials [J]. Language, 73 (1): 103-108.

ARIEL M, 1990. Accessing noun phrase antecedent [M]. London: Croom Helm.

BAL M, 2017 [1985]. Narratology: introduction to the theory of narrative [M]. Toronto: University of Toronto Press.

BANFIELD A, 1982. Unspeakable sentences: narration and representation in the language of fiction [M]. New York: Routledge & Kegan Paul.

BARWISE J, COOPER R, 1981. Generalized quantifiers and natural language [J]. Linguistics and philosophy, 4 (2): 159-220.

BAUMANN S, RIESTER A, 2012. Referential and lexical givenness: semantic, prosodic and cognitive aspects [C] // ELORDIETA G, PRIETO P. Prosody and meaning (Interface Explorations 25). Mouton De Gruyter, Berlin, New York: 119-162.

BAUMANN S, RIESTER A, 2013. Coreference, lexical

givenness and prosody in German [J]. Lingua, 136: 16-37.

BEAVER D, FRANCEZ I, LEVINSON D, 2005. Bad subject: (non-)canonicality and NP distribution in existentials [C] //GEORGALA E, Howell J. Proceedings of semantics and linguistic theory (= SALT) XV. Ithaca, NY: Cornell University: 19-43.

BIRNER B J, 1994. Information status and word order: an analysis of English inversion [J]. Language, 70 (2): 233-259.

BIRNER B J, 1996. The discourse function of inversion in English [M]. New York/London: Garland Publishing.

BIRNER B J, 2006a. Inferential relations and noncanonical word order [C] //BIRNER B J, WARD G. Drawing the boundaries of meaning. Philadelphia: John Benjiamins: 31-52.

BIRNER B J, 2006b. Semantic and pragmatic contribution to information status [J]. Acta lingistica hafniensia: International journal of linguistics, 38: 14-32

BOSSEAUX C, 2007. How does it feel?: Point of view in translation: the case of virginia woolf into French [M]. Amsterdam/New York: Rodopi.

BREIVIK L E, 1981. On the interpretation of existential there [J]. Language, 57 (1): 1-25.

BRESNAN J, 1994. Locative inversion and the architecture of universal grammar [J]. Language, 70 (1): 72-131.

BURZIO L, 1981. Intransitive verb and Italian auxiliaries [D]. Cambridge, MA: MIT.

BURZIO L, 1986. Italian syntax [M]. Dordrecht: Reidel.

CHAFE W L, 1976. Givenness, contrastiveness, definiteness, subjects, topics and point of view [C] //LI C. Subject and topic. New York: Academic Press: 25-55.

CHAFE W L, 1987. Cognitive constraints on information flow

[C] //TOMLIN R. Coherence and grounding in discourse. Amsterdam: John Benjamins: 21-52.

CHAFE W L, 1994. Discourse, consciousness, and time: the flow and displacement of conscious experience in speaking and writing [M]. Chicago and London: The University of Chicago Press.

CHANTMAN S, 1978. Story and discourse: narrative structure in fiction and film [M]. Ithaca: Cornell University Press.

CHANTMAN S, 1986. Character and narrator: filter, center, slant and interest-focus [J]. Poetics Today, 7 (2): 189-204.

CHANTMAN S, 1990. Coming to terms: the rhetoric of narrative in fiction and film [M]. Ithaca: Cornell University Press.

CHEN P, 1986. Referent introducing and tracking in Chinese narratives [D]. Los Angeles: University of California.

CHENG L L-S, HUANG C-T J, 1994. On the argument structure of resultative compounds [C] //Chen M Y, Tzeng O J-L. In honour of William S-Y. Wang: interdisciplinary studies on languages and language change. Taibei: Pyramid Press: 187-221.

CLARK H H, HAVILAND S E, 1977. Comprehension and the given-new contract [C] //FREEDLE R. Discourse production and comprehension. New Jersey: Ablex: 1-40.

COHN D, 1981. The encirclement of narrative: on Franz Stanzel's theory des erzählens [J]. Poetics today (2): 157-182

COOPMANS P, 1989. Where stylistic and syntactic process meet: locative inversion in English [J]. Language, 65 (4): 728-751.

CROFT W, 1998. Event structure in argument linking [C] //BUTT M, GEUDER W. The projection of arguments: lexical and compositional factors. Stanford: CSLI: 21-63.

DANCYGIER B, 2012. The language of stories: a cognitive approach [M]. Cambridge: Cambridge University Press.

DANCYGIER B, SWEETSER E, 2012. Viewpoint in language: a multimodal perspective [C]. Cambridge: Cambridge University Press.

DANCYGIER B, VANDELANOTTE L, 2016. Discourse viewpoint as network [C] // DYNCYGIER B, LU W L, VERHAGEN A. Viewpoint and the fabric of meaning: form and use of viewpoint tools across languages and modalities (Cognitve Linguistics Research 55). Berlin/New York: Mouton de Gruyter: 13 – 39.

DAVIDSE K, 1991. Categories of experiential grammar [D]. Belgium: K. U. Leuven.

DAVIDSE K, 1992. Transitivity/Ergativity: the janus-headed grammar of actions and event [C] // DAVIES M, RAVELLI L. Advances in systemic linguistics: recent theory and practice. London: Frances Pinter: 105 – 135.

DELANCEY S, 1981. An interpretation of split ergativity and related patterns [J]. Language, 57 (3): 626 – 657.

DIXON R M W, 1979. Ergativity [J]. Language, 55 (1): 59 – 138.

DIXON R M W, 1994. Ergativity [M]. Cambridge: Cambridge University Press.

DU BOIS J W, 1987. The discourse basis of ergativity [J]. Language, 63 (4): 805 – 855.

DUCHAN J F, BRUDER G A, HEWITT L E, 1995. Deixis in narrative: a cognitive science perspective [C]. Hillsdale: Lawrence Erlbaum Associates, Inc.

EHRLICH S, 1990. Point of view: a linguistic analysis of literary style [M]. London: Routledge.

FLUDERNIK, M, 1993. The fictions of language and the languages of fiction [M]. London: Routledge.

FOWLER R, 1986. Linguistic criticism [M]. 2nd ed. Oxford:

Oxford University Press.

FREEZE R, 1992. Existentials and other locatives [J]. Language, 68 (3): 553-595.

FRIEDMAN N, 1955. Point of view in fiction: the development of a critical concept [J]. PMLA, 70 (5): 1160-1184.

GENETTE G, 1988 [1980]. Narrative discourse revisited [C]. Ithaca: Cornell University Press.

GIORGI, A, 2010. About the speaker: towards a syntax of indexicality [M]. Oxford: Oxford University Press.

GIVÓN T, 1988. The pragmatics of word order: predictability, importance and attention [C] //HAMMOND M, MORAVCSIK E, WIRTH J. Studies in syntactic typology. Amsterdam: John Benjamins: 243-284.

GIVÓN T, 1999. The usual suspects: the grammar of perspective in narrative fiction [J]. Estudios ingleses de la Universidad Complutense (7): 11-48.

GIVÓN T, 2001. Syntax: a functional-typological introduction: Vol. 2 [M]. Amsterdam/ Philadelphia: John Benjamins.

GÖTZE M, ENDEISS C, HINTERWIMMER S, et al., 2007. Information structure [C] // DIPPER S, GOTZE M, SKOPETEAS S, Information structure in cross-linguistic corpora: annotation guidelines for phonology, morphology, syntax, semantics, and information structure. Potsdam: Universitätsverlag Potsdam: 147-188.

GUNDEL J, HEDBERG N, ZACHARSKI R, 1993. Cognitive status and the form of referring expressions in discourse [J]. Language, 69 (2): 274-307.

HALLIDAY M A K, 1967. Notes on transitivity and theme in English: Part 2 [J]. Journal of linguistics, 3 (2): 199-244.

HALLIDAY M A K, 1985. An introduction to functional grammar

[M]. London: Edward Arnold.

HALLIDAY M A K, HASAN R, 1976. Cohesion in English [M]. London: Longman.

HANNAY M, 1985. English existentials in functional grammar [M]. Dordrecht: Foris.

HAWKINS J, 1978. Definiteness and indefiniteness [M]. Atlantic Highlands, NJ: Humanities Press.

HELASVUO M-L, 2003. Argument splits in Finish grammar and discourse [C] // DU BOIS J W, KUMPF L E, ASHBY W J. Preferred argument structure. Amsterdam/Philadelphia: John Benjamins: 247–272.

HERMAN D, 2009. Beyond voice and vision: cognitive grammar and focalization theory [C] // HUHN P, SCHMID W, SCHONERT J. Point of view, perspective, and focalization. Berlin/New York: Water de Gruyter: 119–142.

HERMAN D, 2013. Storytelling and the sciences of mind [M]. Cambridge, MA: MIT Press.

HOLMBACK, H, 1984. An interpretive solution to the definiteness effect problem [J]. Linguistic analysis, 13: 195–215.

HU J H, PAN H H, 2007. Focus and the basic function of Chinese existential you-sentences [C] //COMOROVSKI I, VON HEUSINGER K. Existence: semantics and syntax. Dordrecht: Springer: 133–145.

HUANG C-T J (黄正德), 1987. Existential sentences in Chinese and (in)definiteness [C] // REULAND E, TER MEULEN A, The representation of (in)definiteness. Cambridge, MA: MIT Press: 226–253.

JAXONTOV S J, 1988 [1983]. Resultative in Chinese [C] // NEDJALKOV V P. Typology of resultative constructions. Amsterdam/Philadelphia: John Benjamins: 113–134.

JENKINS L, 1975. The English existential [M]. Tubingen: Niemeyer.

KEENAN E L, 1984. Semantic correlates to the ergative/absolutive distinction [J]. Linguistics, 22 (2): 197-224.

KEENAN E L, 1987. A semantic definition of indefinite NP [C] //REULAND E, TER MEULEN A G B. The representation of (in)definiteness. Cambridge, MA: MIT Press: 286-317.

KEENAN E L, 2003. The definiteness effect: semantics or pragmatics? [J]. Natural language semantics, 11: 187-216.

KUNO S, 1972. Functional sentence perspective: a case study from Japanese and English [J]. Linguistic inquiry (3): 269-320.

KUNO S, 1987. Functional syntax: anaphora, discourse and empathy [M]. Chicago/London: University of Chicago Press.

LAMBRECHT K, 1994. Information structure and sentence form [M]. Cambridge: Cambridge University Press.

LAMBRECHT K, 2000. When subjects behave like objects: an analysis of the merging of S and O in sentence-focus constructions across languages [J]. Studies in language, 24 (3): 611-682.

LANGACKER R W, 1987. Foundations of cognitive grammar: volume I [M]. Stanford: Stanford University Press.

LANGACKER R W, 1991. Foundations of cognitive grammar: volume II [M]. Stanford: Stanford University Press.

LAPOLLA R, 1995. Pragmatic relations and word order in Chinese [C] //DOWNING P, NOONAN M. Word order in discourse. Amsterdam/Philadelphia: John Benjamins: 297-329.

LEVIN B, RAPPAPORT HOVAV M, 1995. Unaccusativity: at the syntax-lexical semantics interface [M]. Cambridge/London: MIT Press.

LUBBOCK P, 1972 [1921]. The craft of fiction [M]. London:

Cape.

LUMSDEN M, 1988. Existential sentences: their structure and meaning [M]. London: Routledge.

LYONS C, 2005 [1999]. Definiteness [M]. Cambridge: Cambridge University Press.

MALLINSON G, BLAKE B J, 1981. Language typology: cross-linguisitic studies in syntax [M]. Amsterdam: North-Holland Pub. Co.

MALVINA N, DINGARE S, CARLETTA J, et al., 2004. An annotation scheme for information status in dialogue [C] //Proceedings of the Fourth International Conference on Language Resources and Evaluation (LREC). Lisbon: 1023 – 1026.

MCLNTYRE D, 2006. Point of view in plays [M]. Amsterdam/Philadelphia: John Benjiamins.

MCNALLY L, 1992. An interpretation for the English existential construction [D]. Santa Cruz, CA: University of California. Reprinted: New York: Garland, 1997.

MCNALLY L, 1998. Existential sentences without existential quantification [J]. Linguistics and philosophy, 21 (4): 353 – 392.

MEY J L, 1999. When voices clash: a study in literary pragmatics [M]. Berlin/New York: Mouton de Gruyter.

MIKKELSEN L, 2002. Reanalyzing the definiteness effect: evidence from Danish [A] // Working papers in Scandinavian syntax, volume 65: 1 – 65.

MILSARK G, 1974. Existential sentences in English [D] Cambridge, MA: MIT. Reprinted: New York: Garland, 1979.

NIEDERHOFF B, 2013. Perspective-point of view [C] //HUHN P, SCHMID W, SCHONERT J. The living handbook of narratology. Hamburg: Hamburg University.

PAN H H (潘海华), 1996. Imperfective aspect *zhe*, agent

deletion, and locative inversion in Mandarin Chinese [J]. Natural language and linguistic theory, 14: 409-432.

PASCAL R, 1977. The dual voice: free indirect speech and its functioning in the nineteenth-century European novel [M]. Manchester: Manchester University Press.

PERLMUTTER D, 1978. Impersonal passives and the unaccusative hypothesis [C] // Proceedings of the 4th Annual Meeting of the Berkeley Linguistics Society: 157-190.

PRINCE E F, 1981. Toward a taxonomy of given-new information [C] // COLE P. Radical pragmatics. New York: Academic Press: 223-254.

PRINCE E F, 1992. The ZPG letter: subjects, definiteness, and information-status [C] // MANN W C, THOMPSON S A. Discourse description: diverse linguistic analyses of a fund-raising text. Philadelphia: John Benjamins: 295-325.

RABATEL A, 2009. A brief introduction to an enunciative approach to point of view [C] // HUHN P, SCHMID W, SCHONERT J. Point of view, perspective, and focalization. Berlin/New York: Water de Gruyter: 79-98.

RANDO E, NAPOLI D J, 1978. Definites in there-sentences [J]. Language, 54 (2): 300-313.

RIMMON-KENAN S, 1983. Narrative fiction: contemporary poetics [M]. London: Methuen.

SCHMID W, 2008 [2005]. Elemente der Narratologie [M]. Berlin: de Gruyter.

SHI Y L, 1998. Referring expressions in Chinese and English discourse [D]. Muncie: Ball State University.

SHORT M, 1996. Exploring the language of poems, plays and prose [M]. London: Longman.

SIEWIERSKA A, 2004. Person [M]. Cambridge: Cambridge University Press.

SIMPSON P, 1993. Language, ideology and point of view [M]. London: Longman.

SOTIROVA V, 2009. A comparative analysis of indices of narrative point of view in Bulgarian and English [C] // HUHN P, SCHMID W, SCHONERT J. Point of view, perspective, and focalization. Berlin/New York: Water de Gruyter: 163 – 182.

STALNAKER R, 1974. Pragmatic presuppositions [C] //MUNITZ M K, UNGER P K. Semantics and philosophy. New York: New York University Press: 197 – 214.

STANZEL F Z, 1971 [1955]. Narrative situation in the novel: Tom Jones, Moby-Dick, The Ambassadors, Ulysses [M]. Bloomington: Indiana University Press.

STANZEL F Z, 1984 [1979]. A theory of narrative [M]. Cambridge: Cambridge University Press.

STOCKWELL P, 2002. Cognitive poetic: an introduction [M]. London: Routledge.

SWEETSER E, 2012. Introduction: viewpoint and perspective in language and gesture [C] // DANCYGIER B, SWEETSER E. Viewpoint in language: a multimodal perspective. Cambridge: Cambridge University Press: 1 – 22.

USPENSKY B, 1973. A poetics of composition [M]. Berkley: University of California Press.

VAN DEEMTER K, 1994. What's new? A semantic perspective on sentence accent [J]. Journal of semantics, 11: 1 – 31.

VAN DEEMTER K, 1999. Contrastive stress, contrariety, and focus [C] // BOSCH P, VAN DER SANDT R. Focus: Linguistic, Cognitive, and Computational Perspectives. Cambridge: Cambridge

University Press: 3 – 17.

VANDELANOTTE L, 2009. Speech and thought representation in English: a cognitive-functional approach [M]. Berlin/New York: Moton de Gruyter.

VERHAGEN A, 2005. Constructions of intersubjectivity: discourse, syntax, and cognition [M]. Oxford: Oxford University Press.

WARD G, BIRNER B, 1995. Definiteness and the English existential [J]. Language, 71 (4): 722 – 742.

WHITE L, BELIKOVA A, HAGSTROM P, et al., 2011. There aren't many difficulties with definiteness: negative existentials in the L2 English of Turkish and Russian speakers [C] // PIRVULESCU M, et al. Proceedings of the 4th Conference on Generative Approaches to Language Acquisition North America (GALANA). Somerville, MA: Cascadilla Proceedings Project: 266 – 276.

WIEBE J M, 1990. Recognizing subjective sentence: a computational investigation of narrative text [D]. Buffalo: State University of New York.

YANG S Y, PAN H H, 2001. A constructional analysis of the existential structure [C] // PAN H H. Studies in Chinese linguistics II. Hong Kong: Linguistic Society of Hong Kong: 189 – 208.

ZHOU X P, 1990. Aspect of Chinese syntax: ergativity and phrase structure [D]. Urbana-Champaign: University of Illinois.

ZIV Y, 1982. Another look at definites in existential [J]. Journal of linguistics, 18 (1): 73 – 88.

ZUCCHI A, 1995. The ingredients of definiteness and the definiteness effect [J]. Natural language semantics (3): 33 – 78.

主题索引

（修饰语+）通名 115, 116, 117, 122, 127, 128, 129, 130, 131, 132, 136, 137, 140, 141, 142, 147, 148, 153

背景 2, 3, 11, 18, 20, 21, 104, 110, 152, 154

编码形式 4, 11, 29, 33, 96, 98, 140, 146, 147, 148, 149, 150, 152, 153, 154

宾格性 66, 67, 68, 69, 76, 77, 78, 80, 152

宾语论元O 3, 66, 69

不及物动词的唯一论元S 2, 3, 50, 66, 151

处所成分 1, 6, 7, 8, 10, 11, 50, 75, 80, 104, 108, 113, 114, 134, 135, 137, 138, 148, 149, 150, 153

处所主语句 7

存现句 5, 8, 13, 14, 66, 70

定指效应 1, 3, 4, 14, 15, 16, 18, 19, 40, 43, 44, 46, 47, 97, 100, 102, 103, 104, 111, 116, 133, 150, 152

动态存在句 7, 48

对象新知 22

对象已知 22

方位词构成的短语 135, 136, 138

方位结构 135, 136

非宾格动词 2, 13, 65, 66, 69, 75, 76, 79, 80, 151

非宾格假设 69, 70, 71

非宾格性 13, 14, 50, 65, 66, 69, 70, 71, 75, 80

非作格动词 13, 65, 66, 74, 75, 80

分裂作格性 68

概念新知 22

概念已知 22, 23

话题性 8, 10, 28, 70, 134, 138, 146, 148

话语旧信息 25, 26, 100, 101

话语新信息 25, 26, 100, 101

话语已知 21

话语新知 21

激活的 26，27，30，31，117，118，119，125，126，127，129，138，139，140，141，142，144，146，147，153

及物动词 1，2，3，11，13，14，35，36，37，38，39，50，51，52，53，57，59，60，61，63，65，66，69，70，71，73，74，75，80，151，152

假存在句 6，7

焦点的 26，31，117，125，126，127，129，138，139，140，141，142，144，146，147，153

角色视点 82，83，85，87，90，91，92，93，94，97，98，123

结果状态 38，48，51，52，60，62，64，75，77，78，151，152

经历体存在句 7

静态存在句 7

可及性标记等级 28，29，33，131，153

类可识别的 26，27，31，117，121，138，139，140，141，142，144，147，153

列举理解 15，42，43，107

领有修饰语+通名 128，129，130，137，141，142，143，148，153

轻信息理论 13，50

事件存在句 7

事物存在句 7，8

视点 1，2，4，67，68，82，83，84，85，86，87，88，89，90，91，92，93，94，95，96，97，98，99，108，118，119，123，150，153

熟悉的 3，26，27，30，31，117，118，119，120，125，126，127，129，138，139，140，141，142，144，146，147，148，149，153

熟悉性等级 1，23，25

属性修饰语+通名 128，129，130，131，132，137，141，142，143，148，153

数量名 82，92，93，94，95，98，115，116，117，122，127，128，129，130，131，132，133，136，137，140，141，142，147，148，153

听者旧信息 2，18，25，26，100，101，102，103，104，

106, 107, 108, 110, 111, 112, 113, 114, 122, 127, 128, 131, 132, 138, 140, 142, 143, 148

听者新信息　25, 26, 100, 101, 102, 104, 106, 108, 113, 129, 141, 142, 143, 148

通名　115, 116, 129, 130, 131, 132, 137, 141, 142, 143, 147, 148, 153, 154

图形　11, 18, 104

完成体存在句　7

唯一可识别的　26, 27, 30, 31, 117, 120, 126, 138, 139, 140, 141, 147, 153

新知　1, 20, 21, 22, 23, 24, 117, 122, 153

信息结构　28, 32, 33, 113, 114, 150

信息状态　1, 2, 3, 4, 11, 13, 19, 20, 21, 22, 23, 24, 26, 27, 28, 29, 31, 32, 33, 34, 46, 47, 82, 83, 90, 91, 96, 97, 98, 99, 100, 101, 102, 115, 116, 117, 118, 119, 120, 121, 122, 123, 124, 125, 126, 127, 128, 129, 130, 131, 132, 133, 134, 135, 136, 138, 139, 140, 141, 142, 143, 144, 145, 146, 147, 148, 149, 150, 152, 153

叙述者视点　80, 83, 85, 92, 93, 94

已知　1, 20, 21, 22, 91, 92, 93, 94, 95, 96, 98, 100, 117, 122

已知性等级　1, 26, 27, 126, 128, 129, 130, 132, 153

优先论元结构　1, 3, 46, 65

与"这/那"相关的成分　136, 137, 144, 145, 146, 148, 149

语境化的存在句　17, 113

指称实际实体的　26, 27, 30, 31, 117, 121, 138, 153

主语论元A　2, 67, 151

作格性　2, 3, 13, 14, 64, 65, 66, 67, 68, 69, 70, 71, 72, 73, 74, 75, 76, 77, 78, 79, 80, 81, 150, 151, 152

人名索引

陈　平　115，121
陈建民　7
陈庭珍　5，6
陈振宇　11，148
储泽祥　134
崔　璨　64
崔　婷　79
戴雪梅　6
丁声树　6
董成如　5，11，12，13，14，50，65，66，79，103
董秀芳　58
端木三　154
范　晓　5，6，7，8，11，134
范方莲　5，6，7，12
冯志纯　11
付　岩　71
高文成　5，11，14，16，18
顾　阳　13，65，70，72，73，79
郭　锐　38，54
韩景泉　13，65，66，70，71，79
韩巍峰　71

何文彬　114
胡文泽　107
黄南松　11，37
姜兆梓　5，7，8
金明艳　5
鞠玉梅　32
兰艾克　67
雷　涛　5，7，39，47，134
黎锦熙　9
李　虹　114
李　杰　7
李　挺　5，8
李　湘　154
李芳杰　11
李临定　6，7，12
李英哲　6
刘丹青　148
刘富华　36
刘海洋　5
刘街生　38，42，54，55，56，57，58，59，68，73，74，77，78
刘探宙　74
刘娅琼　11，148

刘云红	32	王建军	5,12,49,134
罗　钢	83	王立永	6
吕叔湘	10,43,70,72	王文斌	73
吕云生	66	王永利	66,79
马建忠	9	王智杰	8
马乐东	13,66,70,78	吴卸耀	5
梅德明	71	夏晓蓉	79
孟　琮	12,54,55,56	邢福义	39,44
倪　蓉	73	熊学亮	71
聂文龙	5,7	徐　岱	85
牛保义	73	徐　杰	6,70,71
潘　文	8,9,11,50	徐赳赳	118
潘海华	70,71,74	徐盛桓	32
任　鹰	39,48	许余龙	33
石艳华	33,117	许韵媛	11
史成周	32	杨　义	83
宋玉柱	5,6,7,11,12,47,48	杨安红	9
		杨大然	13,66,71,73,75
隋　娜	13,65,79	杨素英	13,66,70,75
孙宏林	62	杨永忠	71
孙天琦	74	袁毓林	63,64
孙文访	14	张　斌	99
谭景春	52	张　静	6
唐　韧	32	张　珂	104
唐玉柱	13,65,79	张伯江	14
田　臻	50	张达球	13,66,73
田艳艳	65,66,79	张和友	107
王　勇	5,7,8,10	张先亮	5,6,8,11
王广成	13,65,79	张学成	6,7,134

张志公 6

赵 霞 73

赵彦春 13, 66, 70, 78

周 芳 36

周 鸣 9

周士宏 7, 33

朱德熙 6

Abbott, Barbara 17, 113

Ariel, Mira 28, 29, 33, 131

Bal, Mieke 85

Banfield, A. 85, 87

Barwise, Jon 16

Baumann, S. 1, 20, 21, 22, 23, 29, 30, 31, 34, 117

Beaver, David 19, 133

Birner, Betty J. 13, 16, 25, 43, 100, 101

Blake, Barry J. 68

Bosseaux, Charlotte 85

Breivik, L. E. 36

Bresnan, Joan 10, 13, 14, 37, 134

Burzio, L. 71

Chafe, Wallace L. 21, 27, 28, 83

Chen, Ping 99

Cheng, Lisa Lai-Shen 70, 73

Clark, Herbert H. 20

Cohn, Dorrit 84

Cooper, Robin 16, 17

Coopmans, Peter 36, 39

Croft, W. 77

Dancygier, Barbara 86

Davidse, Kristin 76

DeLancey, Scott 67

Dixon, R. M. W. 67, 68

Du Bois, John W. 1, 46, 68, 75

Duchan, J. F. 85

Ehrlich, S. 85, 87

Fowler, R. 85

Francez, Itamar 19, 133

Friedman, Norman 84

Genette, Gérad 84, 85

Givón, T. 83

Gundel, Jeanette 1, 26, 27, 30, 33, 34, 117, 119, 132, 138

Halliday, M. A. K. 21, 67, 77

Haviland, Susan E. 20

Hawkins, Johna 16

Helasvuo, Marja-liisa 37

Herman, David 86

Holmback, Heather 16

Hu, Jianhua 18, 102, 104

Huang, C-T. James (黄正德) 14, 40, 70, 73, 102, 103

Jaxontov, Sergej Je 64

Jenkins, Lyle 39
Keenan, Edward L. 17, 67
Kuno, Susumo 21, 87
Lambrecht, Knud 21, 23, 27, 28, 32, 113
Langacker, Ronald W. 67, 86
LaPolla, Randy J.（罗仁地） 28, 32, 33, 113
Levin, Beth 13, 54, 103, 133
Levinson, Dmitry 133
Lubbock, Percy 84
Lumsden, Michael 17, 40, 43, 108
Lyons, Christopher 44
Mallinson, Graham 68
McIntyre, Dan 86, 87
McNally, Louise 17, 18
Mey, Jacob L. 86
Mikkelsen, Line 19
Milsark, Gary 15, 16, 17
Napoli, Donna Jo 15
Niederhoff, Burkhard 84
Nissim, Malvina 31
Pan, Haihua 7, 14, 18, 63, 102, 104
Pascal, Roy 86
Perlmutter, David 69
Poa, Dory（潘露莉） 113
Prince, Ellen F. 1, 18, 20, 21, 23, 25, 26, 28, 34, 100, 101, 117, 138
Rabatel, Alain 86
Rando, Emily 15
Rappaport Hovav, M. 13, 54, 103
Riester, A. 1, 20, 30, 34, 117
Rimmon-Kenan, S. 85
Schmid, Wolf 85
Shi, Yili 26, 27, 33, 119
Short, M. 87, 98
Siewierska, Anna 28
Simpson, P. 85
Stalnaker, Robert 20
Stanzel, Franz Z. 84
Stockwell, P. 86
Sweetser, Eve 86, 87
Uspensky, B. 85
van Deemter, Kees 22
Vandelanotte, Lieven 86, 87
Verhagen, Arie 87, 88, 89
Ward, Gregory 16, 18, 43, 100, 133
White, Lydia 106
Wiebe, Janyce M. 85, 87
Yang, Suying 7, 14, 18, 102, 104
Zhou, Xinping 70, 73
Ziv, Yael 37